GIULIA GROTH

Love AT FIRST BITE

EMF
EIN BUCH DER
EDITION MICHAEL FISCHER

Inhalt

Vorwort 6

GRUNDLAGEN 8

Zu diesem Buch 8

Top 10 Lebensmittel, die ich immer zu Hause habe 10

Food-Lifehacks 16

REZEPTE 18

HELLO SUNSHINE 20

DER PERFEKTE START IN DEN TAG

Gesunde Zimt-Flakes 22

Gesunde Schoko-Pops 24

Mango-Kokos-Porridge 26

Carrot Cake Porridge 28

Herzhaftes Porridge mit Avocado und Ei 30

Frühstücksmuffins mit Ei und Gemüse 34

Süßkartoffel-Bowl 36

Salted Caramel Baked Oats 38

Blueberry Lemon Cheesecake Pancakes 40

Frühstückspizza mit Kokos 42

Good-Morning-Konfitüre 44

Take a Break 46

Köstlicher Mittag

Grüne Smoothie-Bowl 48

Gebackener Ziegenkäse mit Honig und Rosmarin auf Salat 50

Gefüllte Zucchini-Boote 52

Avocadobrot mit Feta und Oliven 56

Avocadobrot mit Erdbeeren und Honig 57

Baked Potato mit Tomaten-Avocado-Salat 58

Panierter Feta auf Feldsalat mit Mango und Senfdressing 60

Teriyaki-Lachs mit Sesamspinat und Reis 64

Gemüse-Curry mit Blumenkohl 66

Süßkartoffel trifft Feta im Ofen 68

Peanut Buddha Bowl 70

Gesunde Snacks 73

Energie für Zwischendurch

Papaya-Boote 74

Erdbeer-Schichtbowl mit knackigem Schoko-Topping 76

Matcha-Energy-Balls 80

Aprikosen-Energy-Balls 81

Supersaftige Müsliriegel 82

Haferkekse mit Schokolade 86

Gesunde Kokospralinen 88

Schoko-Erdnuss-Datteln 90

LECKERE ABENDESSEN 92

SO ENDET DER TAG PERFEKT

Auberginen-Tomaten-Salat mit Kichererbsen 94

Shakshuka – Gemüse-Ei-Pfanne 96

Mediterrane Gemüse-Schiffchen 98

Chicken Nuggets im Cornflakes-Mantel 100

Süßkartoffel-Pommes mit dem leckersten Avocado-Dip ever 102

One-Pot-Zitronenhähnchen 106

Gebratener Reis mit Ananas 108

Mango-Halloumi-Spieße 110

Wassermelonen-Salat mit Feta 112

Chicken Cashew Salad Wraps 114

SOULFOOD 116

KLEINE SEELENSTREICHLER

Gesundes Beeren-Crumble 118

Saftige Schoko-Tarte 120

No-Bake-Himbeerkuchen 122

Das saftigste Bananenbrot überhaupt 124

Triple Chocolate Lava Cake mit versteckter Zucchini 126

Gesunde Toffee-Pralinen 130

Gesunde Nusscreme mit Obst 132

Cookie Dough zum Löffeln 134

Erdbeer-Minz-Nicecream 136

Snacks für TV-Abende 138

Den Tag gemütlich ausklingen lassen

Blumenkohl-Pizza 140

Gebackener Camembert mit Balsamico-Erdbeeren 142

Cracker mit Heidelbeerkompott 144

Vollkornchips mit Pesto-Pinienkern-Hummus 146

Knusprige Kichererbsen 148

Gesundes Tiramisu 150

Register 154

Danksagung 158

Über die Autorin 159

Vorwort

„Essen ist ein Bedürfnis, Genießen ist eine Kunst!"

– François de La Rochefoucauld

ICH BIN GIULIA,

27 Jahre alt, in Hamburg geboren – und ich liebe Essen. Zumindest das meiste. Wenn man meine Familie und Freunde fragen würde, was ihnen zu mir und dem Thema Food einfällt, würden die meisten wohl sagen: Ich kenne keinen, der dabei so anspruchsvoll ist wie Giulia. Im ersten Moment muss ich immer etwas schmunzeln, aber es stimmt. Ich achte nicht nur zu Hause darauf, mir genug Zeit zum Kochen und Essen einzurichten, sondern probiere auch regelmäßig Neues. Jede Woche die gleichen Gerichte? Das gibt es bei mir nicht. Ich muss immer etwas ausprobieren, das ich noch nicht kenne, oder Rezepte abwandeln. Auch im Restaurant bestelle ich jedes Mal etwas Anderes. Ich glaube, ich habe immer Angst, etwas noch Leckereres zu verpassen!

Nach meinem Abitur 2012 habe ich ein Medienmanagement-Studium begonnen und 2015 mit dem Bachelor of Arts abgeschlossen. Parallel zu meinem Studium habe ich mit YouTube angefangen und dort regelmäßig Videos zu Beauty, Fashion und Lifestyle hochgeladen. Über die Jahre habe ich auch immer mehr Videos zu Food-Neuheiten und schnellen und einfachen Frühstücksideen produziert. Das kam bei meiner Community unfassbar gut an und hat sich so schnell zu einem meiner Hauptthemen entwickelt.

Als Kind war ich übrigens gar keine gute Esserin und habe immer alles auf meinem Teller sehr kritisch beäugt. Bis heute gibt es einige Lebensmittel, die wohl die meisten von euch mögen, aber bei mir leider ein absolutes No-Go sind. Mit Nudeln, Dill, Spargel, Roter Bete und Rosenkohl kann man mich nämlich jagen! Aber so ist eben jeder Geschmack total individuell.

WARUM ALSO EIN KOCHBUCH?

Dank der YouTube-Videos, die ich für meine Community erstellt habe, habe ich auch meine Liebe zum Kochen und Zubereiten von Snacks entdeckt. Ich finde das total entspannend! Nach meinen unzähligen Frühstücks- und Snackidee-Videos wollte ich gerne ein Buch mit meinen liebsten Rezepten kreieren und diese auch mit Mittag- und Abendessen ergänzen. Wenn ich zu Hause koche, achte ich auf ein paar Dinge, die für mich und meine Ernährung wichtig sind. Ich nutze keine stark verarbeiteten Lebensmittel, wie weißen Zucker. Einzige Ausnahme: Käse – den lie-

be ich in allen Formen. Feta, Mozzarella, Burrata, Ziegenkäse... Daher gibt es auch ein paar superleckere Rezepte mit meinen Lieblingen. ☺
Ich mag es, zu wissen, was genau ich esse, und alle Inhaltsstoffe zu kennen. Diese Philosophie hat sich für mich in den Jahren herauskristallisiert und funktioniert sehr gut für mich. Bei einem Restaurantbesuch mache ich gerne Ausnahmen, probiere mich einfach durch die Karte und wähle das Gericht, das mich am meisten anspricht.

Für mich gilt das Motto:
BALANCE IS KEY

Meine Rezepte sind Abwandlungen von Ideen, die ich auf Pinterest gefunden habe, Kreationen von Mama oder auch kleine Experimente aus Resten, die wir noch zu Hause hatten. Über ein halbes Jahr habe ich Rezepte ausprobiert und immer und immer wieder gekocht und abgewandelt. Einige haben es auch nicht ins Buch geschafft, weil mir beim Kochen aufgefallen ist, dass es Dinge gibt, die zwar gut klingen, die ich aber nie im Alltag essen würde. Ein Beispiel: eine kalte Avocado-Suppe. Klang gut, schmeckte ganz gut, aber ich bin einfach kein Suppenmensch – und mit kalten Suppen kann ich noch weniger anfangen. Mir war es wichtig, hier nur Rezepte zu bündeln, die ich auch immer wieder in meinen Alltag einbaue.

Im Folgenden findest du also meine liebsten Food-Kreationen, die für mich Liebe auf den ersten Biss waren. Daher mein Buchtitel:

Love at first bite!

Zu diesem Buch

DIE SYMBOLE:

VEGETARISCH

Bei der vegetarischen Ernährung verzichtet man auf tierische Produkte wie Fleisch und Fisch, genauso wie auf Schmalz und Gelatine. Erlaubt hingegen sind Eier, Milch, Milchprodukte sowie Honig.

VEGAN

Vegane Ernährung bedeutet, dass auf jegliche Art von tierischen Produkten verzichtet wird. Käse, Milch, Eier, aber auch Honig kommen nicht zum Einsatz.

GLUTENFREI

Gluten ist ein Gemisch verschiedener Proteine, die in Getreidesamen enthalten sind. Man bezeichnet es auch als Klebereiweiß, da der Stoff in Verbindung mit Wasser klebrig wird und dafür sorgt, dass Brot und Kuchen beim Backen schön aufgehen und nicht auseinander fallen. Gluten ist ein natürlicher Bestandteil von Getreidepflanzen. Die meisten meiner Gerichte sind ohnehin glutenfrei, allerdings sollte man bei den Rezepten mit Haferflocken darauf achten, glutenfreie Haferflocken zu nutzen, wenn man unter Zöliakie leidet (Glutenunverträglichkeit). Wraps gibt es übrigens auch im Super- oder Bio-Markt als glutenfreie Variante.

Ein paar weitere Tipps für meine Rezepte:

1. Ich nutze häufig einen Mixer, auch Food Processor genannt. Das ist eine Küchenmaschine, die auch sehr harte Lebensmittel wie Nüsse, Eiswürfel oder Gemüsestücke zerkleinern kann. Hier lohnt es sich meiner Meinung nach, ein bisschen Geld zu investieren: Das ist bei mir die meistgenutzte Küchenmaschine und super vielseitig einsetzbar.

2. Ich habe alle Rezepte mehrfach gekocht und so meine liebste Kombination gefunden. Wenn aber ein Lebensmittel dabei ist, dass ihr so gar nicht mögt, könnt ihr alles nach Belieben abwandeln. Andere Gemüsesorten, mehr Schärfe, andere Gewürze oder mehr oder weniger Knoblauch – Geschmäcker sind ja wie wir alle verschieden.

3. Bei jedem Rezept findest du eine Vorbereitungszeit, Zubereitungszeit und eine Gesamtzeit. Mir war es wichtig, dass kein Rezept lange dauert. Daher ist die Vorbereitungszeit auch immer unter 20 Minuten. Die Zubereitungszeit umfasst dann z. B. die Zeit im Ofen, wie bei den Kartoffeln oder dem Bananenbrot. Die Zeit kann man dann ja anderweitig produktiv nutzen. Daher war es mir wichtig, hier zu differenzieren.

4. Außerdem findet ihr unter jedem Rezept die Nährwertangaben mit Proteinen, Kohlenhydraten und Fetten. Diese beziehen sich immer auf eine Portion oder ein Stück. Das steht auch immer dabei, denn manche Rezepte sind natürlich für mehrere Portionen angegeben.

Mein Tipp ist immer:

Einfach ausprobieren – manchmal entdeckt man auch Kombinationen, deren einzelne Bestandteile man vorher nicht mochte!

Top 10 Lebensmittel,

DIE ICH IMMER ZU HAUSE HABE

1. HAFERFLOCKEN

Hafer enthält reichlich Vitamin B_1, Vitamin B_2, Vitamin B_6 sowie Vitamin K und Vitamin E. Ebenso sind Eisen, Kalzium, Kalium, Phosphor, Magnesium, Kupfer, Zink, Mangan und Selen in Haferflocken enthalten. Kupfer und Vitamin B sorgen für gesundes Haar und gesunde Nägel (als Bestandteil von Hautpflegeprodukten können sie auch zu einer gesunden und reinen Haut beitragen). Außerdem sind Haferflocken gut für Magen und Darm und unterstützen die Verdauung. Sie senken den Blutzucker- und den Cholesterinspiegel.

2. DATTELN

Der Energielieferant aus der Wüste enthält kaum Fett, dafür aber sehr viele Vitamine, Mineral- und Ballaststoffe. Neben Kalium und Magnesium finden sich in Datteln zusätzlich Eisen, Phosphor und Kalzium. Datteln haben einen hohen Zuckeranteil aus Glukose und Fruktose, sind aber im Gegensatz zu isoliertem Zucker gesund und keine Dickmacher.

3. Kartoffeln & Süßkartoffeln

KARTOFFELN: Ursprünglich kommt die gesunde Knolle aus Südamerika, genauer gesagt aus den Anden. Erst im 17. Jahrhundert schaffte sie es zu uns nach Europa. Die Kartoffel enthält so gut wie kein Fett, dafür aber viele Vitamine, Mineralstoffe und eine ganze Menge Ballaststoffe. Kochst du die Kartoffel oder brätst sie mit einer kleinen Menge Öl an, kannst du davon fast so viel essen, wie du magst. Kartoffeln und wenig Kalorien? Richtig! Was viele nicht wissen: Kartoffeln bestehen zu knapp 80 Prozent aus Wasser und sind mit 0,1 Prozent Fett fast fettfrei. Sie sind richtig gute Sattmacher. Dafür sorgt die enthaltene Stärke, die teilweise schon im Mund aufgespalten wird und so besonders früh dem Körper signalisiert, dass Energie auf dem Weg ist. Damit stellt sich das Sättigungsgefühl schneller ein. Mit 17 mg pro 100 g enthält die Kartoffel mehr Vitamin C als ein Apfel. Da das Antioxidans jedoch nicht hitzebeständig ist, solltet ihr bei der Zubereitung darauf achten, dass ihr die Kartoffel nicht zu lange kocht, denn dabei wird eine Menge der guten Nährstoffe zerstört oder ausgeschwemmt. Besser ist die Zubereitung im Ofen oder in der Bratpfanne.

SÜẞKARTOFFELN: Süßkartoffeln werden zwar wie Kartoffeln zubereitet, sind aber nicht verwandt: Sie schmecken nicht nach Kartoffel, sondern überraschend süß, was sie einem hohen Zuckergehalt zu verdanken haben. Insbesondere in ihrer Schale steckt der sekundäre Pflanzenstoff Caiapo, der sich positiv auf den Cholesterinspiegel auswirkt. Zudem enthalten Süßkartoffeln viele Ballaststoffe, die für ein langanhaltendes Sättigungsgefühl sorgen. Sie können so Blutzuckerspitzen reduzieren, da durch den Verzehr der Knolle die Verarbeitung von Zucker und Stärke verlangsamt wird. Auch unterstützen Ballaststoffe die Verdauung.

4. NUSSMUS

Hier findet ihr eine Liste meiner 10 Favoriten! (Ich habe natürlich nicht immer alle zu Hause, aber Mandel- und Erdnussmus sind auf jeden Fall am Start.)

Das Besondere an Nussmus ist, dass es wirklich nur aus Nüssen hergestellt wird. Dafür werden die gesunden Kerne geröstet und gemahlen. Das Rösten ist dabei entscheidend, damit sich das Aroma entfalten kann. Je nach Sorte wird die Temperatur dafür angepasst. Damit das intensive Aroma dann auch wirklich im Glas landet, müssen die Nüsse nach dem Röstprozess sofort weiterverarbeitet werden. Beim Mahlen werden die gesunden Fette in den Nüssen quasi ausgedrückt und machen das Mus, das dabei entsteht, so schön cremig.

1. **BRAUNES MANDELMUS:** Genau genommen ist die Mandel gar keine Nuss – da es sich bei ihr um den Kern einer Frucht handelt, gehört sie zur Gattung Steinobst. Das macht Mandelmus aber kein bisschen weniger lecker! Es ist ein echter Klassiker, den es in zwei Varianten gibt. Für dunkles Mandelmus werden die kleinen Kerne mit Schale geröstet und dann gemahlen. Die Röstaromen machen braunes Mandelmus deutlich intensiver im Geschmack als das weiße. Perfekt für: Pancakes, Porridge und Bananenbrot.
2. **WEIẞES MANDELMUS:** Statt sie zu rösten, werden die Mandeln für das weiße Mus geschält, blanchiert und dann weiterverarbeitet. Geschmacklich ist es milder als das braune und ich mag es fast noch etwas lieber. Ein absolutes Must-have zu Hause, um spontan meine Salted Caramel Baked Oats zu zaubern.
3. **ERDNUSSMUS:** Kein Nussmus ist so beliebt wie Erdnussmus! Dabei handelt es sich bei der Erdnuss botanisch um gar keine richtige Nuss, sondern um eine Hülsenfrucht. Ich esse Erdnussmus am liebsten in Kombination mit Marmelade. Peanut Butter & Jelly ist einfach immer wieder lecker! Egal ob auf Brot, Bananenbrot oder Porridge.

4. **CASHEWMUS:** Auch Cashews sind gar keine richtigen Nüsse. Aus den Kernen entsteht ein unglaublich mildes und leckeres Mus, das sich optimal zum Binden von Saucen eignet. Besonders in der veganen Küche ist Cashewmus ein idealer Sahneersatz, um Saucen oder Suppen zu verfeinern. Perfekt auch als Käseersatz auf veganer Pizza!

5. **HASELNUSSMUS:** Haselnussmus ist DIE Alternative für die klassische geliebte Nuss-Nougat-Creme. Schmeckt natürlich etwas herber, ist aber supergesund!

6. **MACADAMIAMUS:** Die Macadamianuss hat einen ganz besonderen Geschmack, der im buttrig-cremigen Mus noch besser zur Geltung kommt. Eine süße Verführung, die jedoch ziemlich gehaltvoll ist. Im Vergleich zu gesüßten Brotaufstrichen ist sie trotzdem immer die bessere Wahl. Und manchmal darf es eben etwas Besonderes sein.

7. **KÜRBISKERNMUS:** Kein „echtes" Nussmus, aber so gesund, dass es in meiner Liste nicht fehlen darf. Kürbiskernmus ist eine echte Proteinbombe und wertvolle Nährstoffquelle für eine Vielzahl wichtiger Vitamine, Mineralstoffe und Spurenelemente.

8. **PISTAZIENMUS:** Farblich sticht Pistazienmus definitiv ins Auge. Und auch geschmacklich ist es ein echtes Highlight. Ich glaube, man hasst oder liebt es. Ich liebe den besonderen Geschmack besonders auf Kokosjoghurt und Porridge.

9. **KOKOSMUS:** Kokosmus schmeckt fast wie Urlaub. Gewonnen wird es aus dem fein vermahlenen Fruchtfleisch frischer Kokosnüsse. Kokosmus eignet sich wunderbar für Desserts, Smoothies oder Nicecream, also Eis aus gefrorenen Bananen. Einfach vor dem Pürieren zu den Bananenscheiben geben und alles zu einer cremigen Masse verarbeiten.

10. **SESAMMUS (TAHIN):** Auch wenn Sesam keine Nuss ist, gehört es irgendwie in diese Liste. Für die Herstellung wird meist eine Mischung aus geschälten und ungeschälten Sesamsamen verwendet, die übrigens besonders reich an pflanzlichem Eiweiß sind. Must-have in Hummus!

5. KOKOSÖL

Kokosöl wird aus dem zerkleinerten und getrockneten Fruchtfleisch der Kokosnuss gewonnen. Es handelt sich um ein festes Fett, das bei Raumtemperatur flüssig wird. Das Öl der Kokosnuss verträgt Temperaturen bis zu 200 °C und eignet sich deshalb hervorragend zum Braten. 100 ml enthalten etwa 890 kcal. Beim Einkauf sollte man darauf achten, qualitativ hochwertiges, am besten kalt gepresstes, natives Kokosöl in Bio-Qualität zu wählen. Dieses wird nicht chemisch gehärtet, ist mineral- und nährstoffreicher und wirkt sich positiv auf die Gesundheit aus. Ich brate mein Gemüse oder auch meine Pancakes supergerne in Kokosöl an.

6. MILCHALTERNATIVEN

Es gibt mittlerweile viele Alternativen zur klassischen Kuhmilch. Aber was macht pflanzliche Drinks gesünder? Sie enthalten beispielsweise keine Antibiotika oder Hormone – letztere werden z.B. mit Akne in Verbindung gebracht.

MANDELDRINK: Mandeldrinks werden aus in Wasser eingeweichten geschälten Mandeln hergestellt. In einem ungesüßten Mandeldrink stecken wenig Kalorien, aber dafür 50 Prozent mehr Kalzium als in Kuhmilch.

REISDRINK: Reisdrinks werden aus gemahlenem Reis und Wasser hergestellt. Diese Milchalternative eignet sich sehr gut für alle mit einer Nuss- und Sojaallergie. Sie ist vom Geschmack her deutlich süßer als andere Alternativen.

HAFERDRINK: Haferdrinks sind der neue Liebling unter den pflanzlichen Milchalternativen. Sie werden durch Einweichen, Mischen und Sieben von Hafer durch ein Käsetuch hergestellt. Hafermilch ist besonders beliebt in Kaffee oder auch für Porridge.

SOJADRINK: Sojadrinks sind die ursprüngliche pflanzliche Milchalternative. Sie werden aus Sojabohnen und gefiltertem Wasser hergestellt. Sojadrinks sind eine richtige Proteinbombe mit 7–12 g pro 250 ml.

KOKOSDRINK: Kokosdrinks werden aus gefiltertem Wasser und Kokoscreme hergestellt. Im Kühlregal findet man sie auch als „Kokosnussgetränk", da sie stärker verdünnt sind als

Kokosmilch, die z. B. gern für Currys verwendet wird. Einer meiner Favoriten unter den Milchalternativen und vor allem zum Porridgekochen ein Traum.

CASHEWDRINK: Ähnlich wie Mandeldrinks werden Cashewdrinks durch das Einweichen und Sieben roher Cashewkerne hergestellt. Sie sind ebenfalls eine super Proteinquelle. Ich finde Cashewdrinks werden unterschätzt – es lohnt sich, sie mal auszuprobieren!

7. Bananen

Bananen enthalten viel Fruchtzucker, weshalb sie vor allem bei Sportlern als schnelle Energielieferanten beliebt sind. Sie sind reich an Kalium und enthalten daneben auch Magnesium und Vitamin B_6. Letzteres spielt eine wichtige Rolle beim Eiweißstoffwechsel. Kalium ist unentbehrlich für Muskeln, Nerven und das Herz. Bananen sind etwas, das ich immer in mehrfacher Ausführung zu Hause habe: Grüne Bananen, damit ich nicht ständig in den Supermarkt muss, reife Bananen für Pancakes und als Topping für Porridge, und gefrorene Bananenstücke für Nicecream.

8. Kokosblütenzucker

Kokosblütenzucker wird gewonnen, indem man den Blütenstand der Kokosnusspalme anritzt und den austretenden Nektar auffängt. Dieser wird anschließend gefiltert und eingekocht, bis die Flüssigkeit vollständig verdampft ist. Zurück bleibt der kristalline Kokosblütenzucker. Er weist eine braune Färbung auf und ähnelt darin ein wenig dem Rohrzucker. Seine Kristalle sind hingegen etwas feinkörniger. Geschmacklich erinnert Kokosblütenzucker zuweilen an eine Kombination aus Malz und Karamell und ist in Kaffee besonders beliebt. Anders als weißer Haushaltszucker enthält Kokosblütenzucker zahlreiche Mikronährstoffe. Insbesondere sein hoher Gehalt an Kalium, Eisen und Zink hebt ihn von anderen Zuckeralternativen ab.

9. TK-Obst

Ich habe immer TK-Früchte zu Hause. Denn diese sind erntefrisch eingefroren, superreif und immer erhältlich. Perfekt, um spontan Smoothies zu machen. Der Einsatz von Tiefkühlfrüchten ist in der Regel unkompliziert. Vor dem Verzehr das TK-Obst am besten kurz erhitzen, damit auch Bakterien und Keime abgetötet werden.

10. Frühlingszwiebeln

Mit 26 mg Vitamin C liefern 100 g Frühlingszwiebeln gut ein Viertel des empfohlenen Tagesbedarfs. Selbst Leute, denen Zwiebeln zu herb schmecken, mögen Frühlingszwiebeln meistens richtig gerne, denn die ganz jung geernteten Zwiebeln haben einen dezenten Geschmack. Ich habe immer Frühlingszwiebeln im Haus, denn für mich darf dies in keiner Gemüsepfanne fehlen. Macht geschmacklich wirklich einen riesigen Unterschied!

Food-Lifehacks

1. Ist meine Avocado schon reif?

Hier gibt es einige Möglichkeiten, um dies herauszufinden. Am einfachsten ist der Drucktest: Gibt die Avocado bei einem leichten Druck auf die Schale nach, ist sie reif. Außerdem duftet eine reife Avocado, eine unreife nicht. Wenn man die Avocado schon zu Hause hat, kann man einfach den Stiel herauslösen. Lässt dieser sich leicht lösen, ist die Avocado perfekt. Sollte die Stelle darunter aber schon dunkelbraun oder verschimmelt sein, dann ist auch die Avocado verdorben.

Tipp:

Um den Reifeprozess zu beschleunigen, kann man die Avocado zusammen mit einem Apfel lagern. Dieser gibt das Reifegas Ethylen ab, das auf die Avocado einwirkt. Unreife Avocados sollte man nicht im Kühlschrank lagern, sondern in Zeitungspapier einschlagen. So werden sie innerhalb von etwa zwei Tagen genussreif.

2. Nur grüne Bananen zu Hause?

Hier gibt es einen einfachen Trick: Die Bananen in eine Papiertüte legen. Die Frucht sondert das Reifungsgas Ethylen ab. In der Tüte wird das Gas am Entweichen gehindert und unter Einfluss der erhöhten Konzentration reift die Banane schneller, als sie es in der Obstschale tun würde.

3. Welches Obst lagere ich im Kühlschrank?

Hier gilt die Faustregel: Heimisches liebt es kühl, Exoten mögen es warm. In den Kühlschrank dürfen: Äpfel, Zwetschgen, Kirschen, Aprikosen, Erdbeeren, Heidelbeeren, Himbeeren, Trauben, Feigen und Kiwis. Nicht in den Kühlschrank sollten: Bananen, Mangos, Orangen, Mandarinen und andere Zitrusfrüchte, Ananas, Papaya. Diese würden sonst ihr Aroma verlieren.

4. Langweiliges Wasser?

Infused Water ist ja der Trend schlechthin für alle, die nicht gerne Wasser trinken. Dafür kann man einfach ein paar frische Beeren in einen Eiswürfelbehälter geben und mit Wasser einfrieren. Man kann auch kleine Zitronenstücke in eine Flasche Wasser geben. Das Wasser nimmt dann über den Tag einen leichten Fruchtgeschmack an.

5. Frühlingszwiebelreste

Im Supermarkt kann man Frühlingszwiebeln üblicherweise als Bund kaufen. An sich super, aber so viele Frühlingszwiebeln kann auch ich nicht verbrauchen. Daher mein Tipp: Die Frühlingszwiebel in kleine Ringe schneiden (sowohl den weißen als auch den grünen Teil) und in einem Gefrierbeutel in den Tiefkühler legen. So hat man immer ein paar vorgeschnittene Ringe im Haus, die man perfekt zu jeder Gemüsepfanne dazugeben kann.

6. Wunderwaffe Kokosöl

Kokosöl ist eine echte Wunderwaffe. Ich nutze es supergerne zum Anbraten, aber auch als Haarkur eignet es sich perfekt. Einfach in die Haarlängen geben und 20 Minuten einwirken lassen. Danach wie gewohnt die Haare waschen. Die Haare lassen sich danach nicht nur wunderbar durchkämmen, sondern glänzen auch total!

7. Pesto in Eiswürfelform einfrieren

In meinem Buch findet ihr ein superleckeres und einfaches Pesto-Rezept (Seite 147). Dieses könnt ihr ganz einfach in eine Eiswürfelform geben und einfrieren. So kann man es ganz leicht portionieren und es wird nicht schlecht.

8. Mehr Zitronensaft aus einer frischen Zitrone

Legt die Zitrone 30 Sekunden in eine Schale mit heißem Wasser. Achtung, das Wasser sollte nicht kochen! Rollt die Zitrone mehrfach mit Druck über eine feste Unterlage. Durch das Rollen platzen die Zellwände des Fruchtfleischs, und man bekommt mehr Saft aus der Zitrone.

9. Igel-Trick zum Mangoschneiden

Der Mango-Igel ist einfach genial! Dafür schneidet ihr das Fruchtfleisch auf beiden Seiten entlang des Kerns ab, lasst aber die Schale unbedingt dran. Nun ritzt ihr in die Stücke Rautenmuster ein. Achtet darauf, die Schale nicht ganz durchzuschneiden. Danach dreht ihr die Mangohälfte ganz einfach „auf links“ und schon könnt ihr die Stücke mit einem Löffel herauslösen.

Rezepte

HELLO SUNSHINE

Seite 21

TAKE A BREAK

Seite 47

GESUNDE SNACKS
Seite 73

LECKERE ABENDESSEN
Seite 93

SOULFOOD
Seite 117

SNACKS FÜR TV-ABENDE
Seite 139

Where

Hello
SUNSHINE

„Morgens wie ein Kaiser, mittags wie ein König und abends wie ein Bettler" – das hat meine Oma immer gepredigt. Allerdings war ich früher leider so gar kein Frühstücksmensch. Bei dem typisch deutschen Brötchenfrühstück hat mir irgendwie die Abwechslung und Kreativität gefehlt. Dank YouTube und Pinterest bin ich in eine ganz andere kulinarische Welt eingetaucht. Gesunde Blueberry Cheesecake Pancakes, eine Frühstückspizza aus Haferflocken oder eine herzhafte Avocado-Ei-Bowl stehen jetzt morgens auf meinem Speiseplan. Mittlerweile ist Frühstück tatsächlich zu einer meiner liebsten Mahlzeiten geworden. Egal wie wenig Zeit ich morgens habe, versuche ich gerade den Start in den Tag zu zelebrieren und mir etwas Leckeres zu zaubern. So beginne ich den Tag mit Power, Energie und vor allem guter Laune.

DEIN PERFEKTER START IN DEN TAG

GESUNDE Zimt-Flakes

VORBEREITUNG: 10 MIN. | **ZUBEREITUNG: 15 MIN.**

ZUTATEN

2 PORTIONEN

FÜR DEN TEIG:
- 30 g Kokosöl
- 115 g Dinkelmehl (Type 630)
- ½ TL Backpulver
- 2 TL gemahlener Zimt
- Salz
- 2 EL Agavendicksaft
- 30 ml Mandeldrink

ZUM BESTREUEN:
- 2 TL Kokosblütenzucker
- ½ TL gemahlener Zimt

ZUBEREITUNG

1. Den Backofen auf 180 °C (Ober-/Unterhitze) vorheizen.
2. Das Kokosöl in einem kleinen Topf schmelzen. Mehl, Backpulver, Zimt und 1 Prise Salz in einer Schüssel vermischen. Flüssiges Kokosöl, Agavendicksaft und Mandeldrink dazugeben. Mit den Händen zu einem Teig verkneten. Falls der Teig zu flüssig ist, etwas mehr Mehl dazugeben.
3. Den Teig mit den Händen zu einer Kugel formen, auf ein Backpapier legen und etwas platt drücken. Ein zweites Backpapier darauflegen und den Teig zwischen den Papieren mit einem Nudelholz einen halben Zentimeter dünn ausrollen. Mit einem Messer den ausgerollten Teig in kleine Quadrate schneiden.
4. Kokosblütenzucker und Zimt vermischen und auf die kleinen Quadrate streuen. So entsteht später die leckere Zimt-Zucker-Kruste.
5. Das Backpapier auf ein Backblech legen und die Zimt-Flakes im heißen Ofen (Mitte) für 15 Minuten kross backen. Anschließend gut abkühlen lassen.
6. Die Flakes in einem luftdichten Gefäß aufbewahren und zum Frühstück (oder als Snack) mit Milch oder Pflanzendrink genießen.

NÄHRWERTE: (PRO PORTION)

411 kcal	8 g Eiweiß	48 g KH	15 g Fett

Die Angaben beziehen sich hier nur auf die Flakes (ohne Milch).

VEGAN

GESUNDE
Schoko-Pops

VORBEREITUNG: 10 MIN. | **ZUBEREITUNG: 15 MIN.**

ZUTATEN

4 PORTIONEN

- 180 g Hafer- oder Dinkelmehl (Type 630; optional: glutenfreies Hafermehl)
- 90 g gemahlene Mandeln
- 30 g Backkakao
- 20 g Kokosblütenzucker
- ¼ TL Salz
- 125 ml Pflanzendrink
- 80 g Reis- oder Ahornsirup
- 50 g weißes Mandelmus

ZUBEREITUNG

1. Den Backofen auf 180 °C (Ober-/Unterhitze) vorheizen und ein Backblech mit Backpapier auslegen.
2. Trockene Zutaten in einer Schüssel vermischen. Pflanzendrink, Reissirup und Mandelmus dazugeben, bis ein leicht klebriger Teig entsteht. Den Teig kurz kühl stellen.
3. Aus dem Teig kleine Kugeln formen und auf das Backblech setzen. Die Schoko-Pops im heißen Ofen ca. 7 Minuten backen, dann das Blech gut rütteln, um die Kugeln zu wenden, und weitere 5–7 Minuten fertig backen. Auskühlen lassen.
4. In einer verschlossenen Dose lagern und mit Pflanzendrink nach Wahl genießen.

NÄHRWERTE: (PRO PORTION)

502 kcal	19 g Eiweiß	53 g KH	22 g Fett

Die Angaben beziehen sich hier nur auf die Schoko-Pops (ohne Milch).

MANGO-KOKOS-
Porridge

ZUBEREITUNG: 5 MIN.

ZUTATEN

1 PORTION

- 40 g Kleinblatt-Haferflocken (optional: glutenfrei)
- 70 ml Pflanzendrink
- 70 ml Kokosmilch (Dose)
- 1 TL Kokosraspel
- 100 g TK-Mango

ZUBEREITUNG

1. Haferflocken zusammen mit Pflanzendrink und Kokosmilch in einem Topf langsam aufkochen. Achtung: Nicht zu stark erhitzen, sonst verdampft zu schnell zu viel Flüssigkeit und die Haferflocken bleiben hart.
2. In der Zwischenzeit die Mango in einem zweiten Topf erwärmen. Danach mit einer Gabel zerdrücken.
3. Das Porridge vom Herd nehmen und die Kokosraspel sorgfältig unterrühren.
4. In einem Glas immer abwechselnd Porridge und Mangopüree schichten und mit Kokosraspel dekorieren.

NÄHRWERTE: (PRO PORTION)

420 kcal	8,8 g Eiweiß	43,6 g KH	24,1 g Fett

VEGAN

Carrot Cake *Porridge*

Vorbereitung: 5 Min. | **Zubereitung: 5 Min.**

Zutaten

1 Portion

Für das Porridge:

- 50 g Kleinblatt-Haferflocken (optional: glutenfrei)
- 150 ml Pflanzendrink
- 2 kleine Möhren
- 1 Msp. gemahlener Ingwer
- 1 TL gemahlener Zimt
- 1 Msp. geriebene Muskatnuss

Für das Topping:

- 1 Apfel
- Kokosöl
- Mandel-Joghurtalternative
- Ahornsirup (nach Belieben)

Zubereitung

1. Die Haferflocken mit dem Pflanzendrink in einem Topf langsam aufkochen. Achtung: Das Porridge nicht zu schnell und zu heiß kochen, denn sonst verdampft die Milch zu schnell, das Porridge wird nicht so cremig, und die Haferflocken bleiben hart.
2. Die Möhre schälen, putzen, raspeln, unter das Porridge heben und kurz miterwärmen. Die Gewürze dazugeben und das Porridge abschmecken.
3. Den Apfel waschen, das Kerngehäuse entfernen und den Apfel in kleine Stücke schneiden. In einer kleinen Pfanne das Kokosöl erhitzen und die Apfelwürfel darin anbraten. Der Apfel wird dadurch weich und total süß. Wer möchte, kann auch etwas Zimt dazugeben.
4. Das Porridge anschließend in eine Schale füllen und mit Joghurtalternative, gebratenem Apfel und nach Belieben Ahornsirup toppen.

Nährwerte: (pro Portion)

192 kcal	8 g Eiweiß	54 g KH	4 g Fett

VEGAN

Ich verspreche euch, dass dieses Gericht absolut nicht nach einem „Gemüse“-Porridge schmeckt. Die Möhre fügt sich perfekt in die Kombination ein!

Herzhaftes Porridge

mit Avocado und Ei

ZUBEREITUNG: 10 MIN.

ZUTATEN

1 Portion

- 1 kleine Schalotte
- 1 Knoblauchzehe
- Salz
- ½ TL Kokosöl
- 40 g Kleinblatt-Haferflocken (optional: glutenfrei)
- gemahlener Ingwer
- 1 Ei (Größe M)
- ½ Avocado
- 1 TL Sesam
- Chiliflocken (nach Belieben)

ZUBEREITUNG

1. Schalotte und Knoblauch schälen und klein würfeln. Über den Knoblauch 1 Prise Salz geben und mit einer Gabel zerdrücken. So wird der Knoblauch ganz fein.
2. Kokosöl in einer Pfanne erhitzen und die Zwiebel und den Knoblauch kurz andünsten. Die Haferflocken dazugeben und diese ebenfalls anrösten, bis sie goldbraun werden. Mit 200ml Wasser ablöschen und 1 Prise Ingwer unterrühren.
3. Das Porridge langsam köcheln lassen, bis das Wasser verdampft und das Porridge schön cremig wird. In der Zwischenzeit das Ei wachsweich kochen. Das Fruchtfleisch der Avocado mit einem Löffel aus der Schale lösen und in Spalten schneiden.
4. Porridge in eine Schüssel geben und die Avocado darauf geben. Das Ei abschrecken, pellen, ebenfalls auf das Porridge geben und mit einem Messer halbieren. Sesam und nach Belieben Chiliflocken daraufgeben.

NÄHRWERTE: (PRO PORTION)

554,2 kcal | 14,7 g Eiweiß | 26,2 g KH | 41,6 g Fett

VEGE-
TARISCH

Diese Frühstücksidee ist mal etwas ganz Anderes und komplett „out of my comfort zone“. Als ich sie probiert habe, war ich aber total positiv überrascht. Perfekt für alle, die mal etwas Neues testen wollen und gerne herzhaft essen.

I LOVE SLEEP
BECAUSE IT'S LIKE A
TIME MACHINE
TO BREAKFAST!

FRÜHSTÜCKSMUFFINS

mit Ei und Gemüse

VORBEREITUNG: 5 MIN. | ZUBEREITUNG: 20 MIN.

ZUTATEN

12 STÜCK

- 4 Eier (Größe M)
- 1 EL Milch
- 1 TL edelsüßes Paprikapulver
- 1 TL rosenscharfes Paprikapulver
- Salz
- Öl für das Blech
- 1 Paprika
- ¼ Zucchini
- 1 Frühlingszwiebel

ZUBEREITUNG

1. Den Backofen auf 180 °C (Umluft) vorheizen.
2. Die Eier mit Milch und Gewürzen verquirlen. Ein Muffinblech fetten und die Mulden zu ¾ mit der Ei-Mischung füllen.
3. Das Gemüse waschen und putzen. Paprika und Zucchini klein würfeln und die Frühlingszwiebel in Ringe schneiden. Das Gemüse und die Frühlingszwiebel in die Mulden geben und die Muffins im heißen Ofen (Mitte) ca. 20 Minuten backen.

TIPP

Bei dem Gemüse kann man supergut variieren und das nehmen, was man gerade noch so im Kühlschrank findet! Auch Schinken oder Käse sind gut geeignet. Die Muffins halten sich 3-4 Tage im Kühlschrank.

NÄHRWERTE: (PRO PORTION)

411 kcal	5 g Eiweiß	1,5 g KH	4 g Fett

GLUTEN-
FREI
VEGE-
TARISCH

SÜßKARTOFFEL-*Bowl*

VORBEREITUNG: 5 MIN. | ZUBEREITUNG: 1 STD.

ZUTATEN

1 PORTION

FÜR DAS MUS:

- 1 mittelgroße Süßkartoffel (ca. 200 g)
- ½ TL gemahlener Zimt
- 2 TL Honig

FÜR DAS TOPPING:

- frische Himbeeren und Heidelbeeren (insgesamt ca. 50 g)
- 1 TL Kokosraspel
- 1 TL Erdnusscreme (ca. 10 g)

ZUBEREITUNG

1. Den Backofen auf 180 °C (Ober-/Unterhitze) vorheizen.
2. Die Süßkartoffel mit einer Gabel mehrfach einstechen und auf einem mit Backpapier ausgelegten Backblech 45–60 Minuten im heißen Ofen backen, sodass sie weich wird. Die Süßkartoffel pellen und mit einer Gabel in einer Schale zerdrücken.
3. Der Süßkartoffelbrei ist dann wie ein Porridge und kann beliebig getoppt werden. Ich rühre am liebsten Zimt und Honig unter und toppe das Ganze mit frischen Beeren, Kokosraspel und Erdnusscreme. Ihr könnt hier aber total kreativ werden!

NÄHRWERTE: (PRO PORTION)

382 kcal	6 g Eiweiß	62 g KH	9 g Fett

GLUTEN-
FREI

VEGE-
TARISCH

SALTED CARAMEL Baked Oats

VORBEREITUNG: 5 MIN. | ZUBEREITUNG: 24 MIN.

ZUTATEN

1 PORTION

FÜR DEN TEIG:
- 40 g Haferflocken (optional: glutenfrei)
- ½ Banane
- 100 ml Pflanzendrink
- ½ TL Backpulver
- 1 TL Backkakao

FÜR DIE CREME:
- 1 EL Mandelmus
- 1 TL Kokosöl
- 1 TL Ahornsirup
- grobes Meersalz

FÜR DAS TOPPING:
- ½ TL Mandelmus
- grobes Meersalz

ZUBEREITUNG

1. Den Backofen auf 220 °C (Umluft) vorheizen und eine kleine Auflaufform (ca. 14 x 18 cm) mit Kokosöl fetten.
2. Alle Zutaten für den Teig in einen Standmixer oder Smoothie Maker geben und zu einem glatten Teig pürieren. Die Hälfte des Teigs in die Auflaufform geben.
3. Alle Zutaten für die Salted-Caramel-Creme und 1 Prise grobes Meersalz bei geringer Hitze in einer Pfanne oder einem Topf zu einer cremigen Masse verrühren. Die Creme dann in die Mitte des Teigs geben. Den Rest des Teigs darübergeben und damit den Kern verdecken.
4. Im heißen Ofen (Mitte) ca. 24 Minuten backen. Kurz abkühlen lassen, dann mit Mandelmus und 1 Prise Meersalz toppen.

TIPP

Der flüssige Kern schmeckt einfach himmlisch!

NÄHRWERTE: (PRO PORTION)

395 kcal	7,7 g Eiweiß	66,2 g KH	13,4 g Fett

VEGAN

BLUEBERRY LEMON
Cheesecake Pancakes

VORBEREITUNG: 5 MIN. | ZUBEREITUNG: 10 MIN.

ZUTATEN

1 PORTION

FÜR DEN TEIG:

- ¼ Banane
- 40 g Haferflocken (optional: glutenfrei)
- 100 ml Pflanzendrink
- 2 El Apfelmus
- ½ TL Backpulver
- abgeriebene Schale von ½ Bio-Zitrone
- 2 TL Kokosöl zum Braten

FÜR DAS TOPPING:

- 1 Handvoll TK-Heidelbeeren
- 2 EL pflanzliche Frischkäse-Alternative
- Saft von ½ Zitrone
- 1 EL Ahornsirup

FÜR DIE DEKO:

- ¼ Banane

NÄHRWERTE: (PRO PORTION)

362 kcal	7 g Eiweiß	500 g KH	14 g Fett

ZUBEREITUNG

1. Die Banane schälen. Alle Zutaten für den Teig in einen Standmixer oder Smoothie Maker geben und zu einer glatten Masse pürieren.
2. Die Heidelbeeren in einem Topf oder einer Pfanne kurz erhitzen, bis sie aufgetaut sind. Restliche Zutaten für das Topping zu einer glatten Masse verrühren und die Heidelbeeren unterrühren.
3. Kokosöl in einer beschichteten Pfanne erhitzen und die Pancakes darin nacheinander goldbraun ausbacken.
4. Die Pancakes stapeln und das Topping daraufgeben. Die restliche Banane in Scheiben schneiden und den Teller damit dekorieren.

TIPP

Für einen tollen Pancake-Stapel lieber kleinere Pancakes machen. Besonders geeignet für tolle Pancakes sind übrigens Crêpe-Pfannen.

VEGAN

FRÜHSTÜCKSPIZZA
mit Kokos

VORBEREITUNG: 5 MIN. | ZUBEREITUNG: 15 MIN.

ZUTATEN

1 PORTION

FÜR DEN „PIZZATEIG":

- 60 g Haferflocken (optional: glutenfrei)
- 100 ml Pflanzendrink
- 10 g Kokosraspel
- ½ TL Backpulver
- 1 EL Ahornsirup

FÜR DAS TOPPING:

- 3 EL Kokos-Joghurtalternative
- frische Beeren
- 1 TL Kokosraspel

ZUBEREITUNG

1. Den Backofen auf 180 °C (Ober-/Unterhitze) vorheizen.
2. Die Zutaten für den Teig verrühren und auf einem mit Backpapier ausgelegten Backblech zu einem Kreis (oder einem Herz) formen und etwas flach drücken. Ca. 15 Minuten im heißen Ofen (Mitte) backen und kurz abkühlen lassen.
3. Die Beeren waschen und putzen. Die Pizza mit Joghurtalternative, Beeren und Kokosraspel toppen.

TIPP

Die Frühstückspizza kann man ganz individuell abwandeln. Wenn man z. B. 1 TL Kakaopulver zum Pizzateig hinzufügt, schmeckt der Teig superschokoladig. In Kombination mit Banane und Erdnusscreme auch ein Traum!

NÄHRWERTE: (PRO PORTION)

450 kcal	9,6 g Eiweiß	62,9 g KH	18,2 g Fett

Die Angaben beziehen sich auf die Pizza ohne die frischen Beeren.

VEGAN

GOOD-MORNING-
Konfitüre

VORBEREITUNG: 10 MIN. | ZUBEREITUNG: 10 MIN.

ZUTATEN

4 PORTIONEN

- 250 g TK-Sauerkirschen
- 4 EL Chia-Samen
- 2 EL Ahornsirup
- 250 g TK-Mango

ZUBEREITUNG

1. Für die Kirschkonfitüre die TK-Sauerkirschen in einem Topf erhitzen. In einem Standmixer pürieren und zurück in den Topf geben. 2 EL Chia-Samen und 1 EL Ahornsirup hinzugeben. Die Masse kurz erhitzen, ohne sie aufzukochen. Dabei alles gut verrühren. Vom Herd nehmen und 10 Minuten quellen lassen. Die Chia-Samen quellen auf und sorgen für die Konfitürekonsistenz.
2. Für die Mangokonfitüre TK-Mango in einem zweiten Topf erhitzen. In einem Standmixer pürieren und zurück in den Topf geben oder einfach im Topf mit einer Gabel zerdrücken. Restliche Chia-Samen und Ahornsirup hinzugeben und alles gut verrühren. Vom Herd nehmen und 10 Minuten quellen lassen.
3. Anschließend die beiden Konfitüren in einem Einweckglas schichten und im Kühlschrank aufbewahren. Die Konfitüre hält sich ca. 1 Woche.

NÄHRWERTE: (PRO PORTION)

665 kcal	12,5 g Eiweiß	82 g KH	24,5 g Fett

GLUTEN-FREI

VEGAN

TIPP

Konfitüre passt super aufs Brot, aber diese leckere Kombination eignet sich auch super als Topping für Joghurt, Porridge oder Bananenbrot!

Take A BREAK

Beim Mittagessen habe ich immer ein Motto: Es muss schnell gehen, lecker sein und vor allem nicht müde machen. Ich glaube, das bekannte Food-Koma hat wohl jeder mal, wenn man zu schwer, zu viel oder zu fettig gegessen hat. In diesem Kapitel findet ihr leckere Rezepte für mittags, die nicht nur leicht im Magen liegen, sondern auch unfassbar lecker und abwechslungsreich sind. Mein Go-to-Lunch, der einfach nie langweilig wird, ist übrigens der gebackenen Ziegenkäse mit Honig und Rosmarin auf Salat. Alle Mittagsgerichte eignen sich natürlich auch super als Abendessen.

KÖSTLICHER MITTAG

GRÜNE Smoothie-Bowl

ZUBEREITUNG: 5 MIN.

ZUTATEN

1 PORTION

FÜR DIE BOWL:

- 1 Kiwi
- 1 Banane
- 50 g Baby-Spinat
- 200 g TK-Mango
- 1 TL Matcha-Pulver

FÜR DAS TOPPING:

- ½ Kiwi
- ½ Banane
- 1 TL Kokosraspel

ZUBEREITUNG

1. Für die Bowl Kiwi und Banane schälen, den Spinat waschen und trocken schütteln. Zusammen mit den restlichen Zutaten in einem Standmixer zu einer cremigen Masse pürieren.
2. Für das Topping Kiwi und Banane schälen, in Scheiben schneiden und auf die Bowl geben. Zum Schluss mit Kokosraspel bestreuen.

TIPP

Die Bowl ist mein Go-to-Mittagessen an warmen Tagen oder generell, wenn ich mittags nichts Schweres essen will. Dank des Spinats hat man auch noch die extra Portion Gemüse dabei. Durch Mango und Banane schmeckt man den Spinat übrigens kaum raus. Wer ihn aber so gar nicht mag, kann auch 60 g Zucchini nehmen. Die schmeckt man noch weniger.

NÄHRWERTE: (PRO PORTION)

359 kcal	6,3 g Eiweiß	70,3 g KH	3,1 g Fett

GLUTEN-FREI

VEGAN

Gebackener Ziegenkäse

mit Honig und Rosmarin auf Salat

VORBEREITUNG: 5 MIN. | ZUBEREITUNG: 12 MIN.

ZUTATEN

1 PORTION

FÜR DEN KÄSE:

- 1 Granatapfel
- 125 g Ziegenkäse
- 1 TL Honig
- 1 Zweig Rosmarin

FÜR DEN SALAT:

- 1 Handvoll Romanasalat
- 8 Kirschtomaten
- 4 Walnusskerne
- 1 TL Olivenöl
- 1 EL Balsamico-Creme
- 1 TL Honig
- Salz

ZUBEREITUNG

1. Den Backofen auf 200 °C (Umluft) vorheizen.
2. Den Granatapfel halbieren, die Kerne vorsichtig herauslösen und in eine kleine Schüssel geben.
3. Ziegenkäse auf ein mit Backpapier ausgelegtes Backblech geben und im heißen Ofen (Mitte) für 10-12 Minuten backen. In der Zwischenzeit den Salat waschen und trocken schleudern, die Tomaten waschen und halbieren und die Walnüsse in kleine Stücke brechen.
4. Für das Dressing Öl, Balsamico-Creme, Honig und 1 Prise Salz verrühren und über den Salat geben. Die Granatapfelkerne dazugeben.
5. Den Ziegenkäse aus dem Ofen holen und den Honig darübergeben. Zum Salat geben und mit Granatapfelkernen, Rosmarinzweig und Walnüssen toppen.

TIPP

Wenn ihr einen kleinen Bunsenbrenner (z. B. für Crème brûlée) habt, könnt ihr den Ziegenkäse mit dem Honig auch toll flambieren. Der Zucker im Honig karamellisiert dann und wird richtig knusprig. Superlecker!

NÄHRWERTE: (PRO PORTION)

411 kcal	47 g Eiweiß	59 g KH	2 g Fett

GLUTEN-
FREI
VEGE-
TARISCH

GEFÜLLTE Zucchini-Boote

VORBEREITUNG: 10 MIN. | **ZUBEREITUNG: 20 MIN.**

ZUTATEN

2 PORTIONEN

- 1 Knoblauchzehe
- 1 mittelgroße Schalotte
- Salz
- 1 EL Olivenöl
- 200 g Hähnchenbrustfilet
- 200 g passierte Tomaten
- 1 TL Tomatenmark
- ½ TL getrockneter Oregano
- ½ TL getrockneter Thymian
- ½ TL getrockneter Majoran
- ½ TL getrockneter Rosmarin
- 30 g geriebener Parmesan
- 3 kleine Zucchini
- 60 g Mozzarella

ZUBEREITUNG

1. Knoblauch und Schalotte schälen und klein würfeln. Über den Knoblauch 1 Prise Salz geben und mit einer Gabel zerdrücken.
2. Olivenöl in einer Pfanne erhitzen, den Knoblauch und die Schalotte darin andünsten. Das Hähnchen in mundgerechte Stücke schneiden und mit in die Pfanne geben. Das Hähnchen anbraten, bis es goldbraun ist, dann die passierten Tomaten und das Tomatenmark dazugeben. Die Kräuter unterrühren. Den Parmesan dazugeben und schmelzen lassen.
3. Den Backofen auf 180 °C (Umluft) vorheizen.
4. Die Zucchini waschen, halbieren, mit einem Esslöffel aushöhlen und mit der Tomaten-Hähnchen Mischung füllen. Den Mozzarella kleinschneiden und auf die Zucchinihälften geben.
5. Die Zucchini-Boote im heißen Ofen (Mitte) ca. 20 Minuten backen. Hierbei am besten regelmäßig eine Garprobe mit einer Gabel machen und testen, ob die Zucchini schon weich ist.

NÄHRWERTE: (PRO PORTION)

371 kcal	41 g Eiweiß	9 g KH	17 g Fett

Tipp

Das Rezept ist superschnell und einfach gemacht. Optional kann man dazu noch Reis oder gekochte Kartoffeln servieren.

VEGE-TARISCH

AVOCADOBROT

mit Feta und Oliven

ZUBEREITUNG: 5 MIN.

ZUTATEN

1 BROT

- ¼ Avocado
- Saft von ½ Bio-Zitrone
- Salz
- Pfeffer
- 1 Scheibe Brot (optional: glutenfrei)
- 50 g Feta (ohne tierisches Lab)
- 5 schwarze oder grüne Oliven (ohne Stein)

ZUBEREITUNG

1. Das Fruchtfleisch der Avocado mit einem Löffel aus der Schale lösen und in einer Schüssel mit einer Gabel zerdrücken. Einen guten Spritzer Zitronensaft zur Avocadomasse geben. Die Zitrone sorgt dafür, dass die Avocadocreme nicht so schnell braun wird. Die Avocadocreme mit Salz und Pfeffer abschmecken.
2. Das Brot mit der Avocadocreme bestreichen und den Feta mit der Hand darüberkrümeln. Die Oliven kleinschneiden und ebenfalls auf das Brot legen.

GUT ZU WISSEN:

Oliven zählen zu den ältesten Nahrungsmitteln überhaupt. Die einen mögen grüne Oliven lieber, die anderen bevorzugen schwarze. Aber was ist eigentlich der Unterschied? Ganz einfach: Bei den schwarzen handelt es sich um gereifte Oliven, grüne wurden dagegen unreif geerntet. Die Früchte unterscheiden sich zwar im Geschmack, haben aber grundsätzlich dieselben Inhaltsstoffe. Schwarze Oliven enthalten durch die längere Reifezeit am Baum allerdings mehr wertvolle Nährstoffe.

NÄHRWERTE: (PRO PORTION)

416 kcal	12 g Eiweiß	21 g KH	30 g Fett

VEGE-
TARISCH

AVOCADOBROT

mit Erdbeeren und Honig

ZUBEREITUNG: 5 MIN.

ZUTATEN

1 BROT

- ¼ Avocado
- Saft von ½ Bio-Zitrone
- Salz
- Pfeffer
- 1 Scheibe Brot (optional: glutenfrei)
- 4 Erdbeeren
- 1 TL Honig

ZUBEREITUNG

1. Das Fruchtfleisch der Avocado mit einem Löffel aus der Schale lösen und in einer Schüssel mit einer Gabel zerdrücken. Einen guten Spritzer Zitronensaft zur Avocadomasse geben. Die Zitrone sorgt dafür, dass die Avocadocreme nicht so schnell braun wird. Die Avocadocreme mit Salz und Pfeffer abschmecken.
2. Das Brot mit der Avocadocreme bestreichen. Die Erdbeeren waschen, putzen, in Scheiben schneiden und daraufgeben. Zum Schluss das Brot mit Honig toppen.

GUT ZU WISSEN:

Das Rezept klingt auf den ersten Blick saltsam, oder? Die Kombination aus der salzigen Avocadocreme und dem süßen Erdbeer-Topping ist aber einfach unschlagbar! Das Salz ist übrigens wie ein natürlicher Geschmackverstärker und hebt den der Erdbeeren und des Honigs noch mehr hervor. Einfach mal ausprobieren und selbst überzeugen!

NÄHRWERTE: (PRO PORTION)

278 kcal	4,5 g Eiweiß	33 g KH	12,5 g Fett

Baked Potato

mit Tomaten-Avocado-Salat

VORBEREITUNG: 10 MIN. | **ZUBEREITUNG: 50 MIN.**

ZUTATEN

2 PORTIONEN

- 4 große, vorwiegend festkochende Kartoffeln
- 30 g Pinienkerne
- 200 g Kirschtomaten
- 1 Avocado
- 1 EL Olivenöl
- 1 EL Balsamico-Creme
- 1 TL Honig
- 1 TL mittelscharfer Senf
- 5 Basilikumblätter

ZUBEREITUNG

1. Den Backofen auf 180 °C (Umluft) vorheizen.
2. Die Kartoffeln waschen und in einem Topf mit Wasser kochen. Je nach Größe brauchen sie 50–60 Minuten, bis sie gar sind. Testen kann man dies mit einem kleinen Messer, indem man in die Kartoffel sticht. Stößt man nicht auf Widerstand, ist sie gar.
3. In der Zwischenzeit den Salat vorbereiten. Die Pinienkerne in einer Pfanne ohne Fett anrösten. Die Kerne sollten goldbraun werden und nicht zu dunkel. Die Tomaten waschen und vierteln. Die Avocado halbieren, den Kern entfernen, mit einem Löffel das Fruchtfleisch aus der Schale lösen und in kleine Würfel schneiden. Aus Öl, Balsamico-Creme, Honig und Senf das Dressing anrühren. Tomaten und Avocado vermengen und mit dem Dressing übergießen. Die Pinienkerne darübergeben und zu den fertigen Ofenkartoffeln servieren. Mit den Basilikumblättern garnieren.

NÄHRWERTE: (PRO PORTION)

548 kcal	5 g Eiweiß	14 g KH	50 g Fett

Unterschiede bei Kartoffeln:

FESTKOCHENDE KARTOFFELN:
Diese Sorte hat eine besonders feste Struktur – so bleibt beim Kochen die Form bestens erhalten. Ihr könnt sie sehr gut für Bratkartoffeln, Kartoffelgratin, Salzkartoffeln, Pellkartoffeln oder auch Kartoffelsalat verwenden.

VORWIEGEND FESTKOCHEND:
Diese Kartoffeln erhalten durch das Kochen eine mittlere Festigkeit. Geeignet für Wedges oder als Ofenkartoffel.

MEHLIGKOCHEND:
Mehligkochende Kartoffeln haben einen höheren Anteil an Stärke und zerfallen beim Kochen. Sie eignen sich für Kartoffelbrei und Suppen.

Panierter Feta auf Feldsalat

mit Mango und Senfdressing

Vorbereitung: 10 Min. | **Zubereitung: 10 Min.**

Zutaten

2 Portionen

Für den Salat:
- 200 g Feldsalat
- 6 Kirschtomaten
- 1 Mango

Für das Dressing:
- 2 EL Olivenöl
- 2 EL Aceto balsamico
- 1 EL Honig
- 1 EL mittelscharfer Senf

Für den Feta:
- 200 g Feta (ohne tierisches Lab)
- 1 Ei (Größe M)
- 2 EL Milch
- 1 ½ EL glutenfreies Hafermehl
- 1 TL edelsüßes Paprikapulver
- 1 TL Salz, 1 TL Pfeffer
- 8 EL Sesam

Zubereitung

1. Den Salat waschen und trocken schleudern, die Tomaten waschen und vierteln, die Mango schälen und würfeln. Alles miteinander vermengen.
2. Für das Dressing Olivenöl, Balsamico, Honig, Senf und 1 EL Wasser verquirlen.
3. Den Feta in 8 Stücke teilen. Das Mehl mit den Gewürzen mischen. In einem zweiten Schälchen Ei mit Milch verquirlen. Fetastücke von allen Seiten erst in Mehl, dann in Ei wälzen und abschließend mit Sesam ummanteln. Feta von allen Seiten goldbraun braten. Wenn man eine gut beschichtete Pfanne hat, braucht man hier kein Öl zum Anbraten.
4. Den Salat mit Dressing vermengen und mit dem Feta warm servieren.

Nährwerte: (pro Portion)

535 kcal | 37 g Eiweiß | 46 g KH | 67 g Fett

GLUTEN-FREI

VEGE-TARISCH

HAPPINESS IS HOMEMADE.

TERIYAKI-LACHS

mit Sesamspinat und Reis

ZUBEREITUNG: 20 MIN.

ZUTATEN

2 PORTIONEN

FÜR DEN SPINAT:

- 1 Frühlingszwiebel
- 100 g Baby-Spinat
- 1 TL Öl
- 10 g Sesam
- Salz
- Pfeffer

FÜR DEN LACHS:

- 1 EL Öl
- 250 g TK-Lachs

AUSSERDEM:

- 150 g Basmatireis
- Salz
- 1 Avocado
- Saft von 1 Bio-Limette
- 200 ml Teriyaki-Sauce

ZUBEREITUNG

1. 1 l Wasser in einem Topf zum Kochen bringen, den Reis hineinrühren und leicht salzen. 10 Minuten weichkochen.
2. Die Frühlingszwiebel waschen, putzen und in feine Ringe schneiden. Die Avocado halbieren, den Kern entfernen, das Fruchtfleisch mit einem Löffel herauslösen und in Streifen schneiden. Die Avocado mit etwas Limettensaft beträufeln, damit sie nicht braun wird.
3. Den Spinat waschen und trocken schleudern. In einer Pfanne 1 TL Öl erhitzen und die Frühlingszwiebelringe und den Sesam darin ca. 2 Minuten anbraten. Nach und nach kleine Portionen des Baby-Spinats in die Pfanne geben, bis der Spinat zusammenfällt. Mit Salz und Pfeffer abschmecken.
4. 1 EL Öl in der Pfanne erhitzen und das Lachsfilet von jeder Seite ca. 3 Minuten goldbraun anbraten. In einer weiteren Pfanne die Teriyaki-Sauce und den Saft von einer halben Limette hinzugeben und einkochen lassen, bis die Sauce dickflüssig wird.
5. Die Sauce über den Lachs geben und mit Reis, Sesam-Spinat und Avocado servieren.

NÄHRWERTE: (PRO PORTION)

828 kcal	36 g Eiweiß	19 g KH	59 g Fett

GLUTEN-
FREI

GEMÜSE-CURRY

mit Blumenkohl

VORBEREITUNG: 5 MIN. | ZUBEREITUNG: 20 MIN.

ZUTATEN

2 PORTIONEN

- 400 g Blumenkohl
- 1 gelbe Paprika
- 200 g Kartoffeln (vorwiegend festkochend)
- 1 Knoblauchzehe
- Salz
- 1 EL Öl
- 1 TL gelbe Currypaste
- 1 TL gemahlene Kurkuma
- gemahlener Kreuzkümmel
- 1 Dose Kokosmilch (400 ml)
- 1 TL Currypulver
- ¼ TL Chilipulver (nach Belieben)
- 10 g frischer Ingwer
- 200 g Zuckerschoten

ZUBEREITUNG

1. Den Blumenkohl waschen und in kleine Röschen zerteilen. Die Paprika halbieren, putzen, waschen und in mundgerechte Stücke schneiden. Die Kartoffeln schälen und ebenfalls in mundgerechte Stücke schneiden. Den Knoblauch schälen und klein würfeln, 1 Prise Salz darübergeben und mit einer Gabel zerdrücken.
2. Das Öl in einer hohen Pfanne erhitzen und den Knoblauch darin kurz andünsten. Currypaste, Kurkuma und 1 Prise Kreuzkümmel hinzugeben und kurz mitdünsten. Alles mit der Kokosmilch ablöschen, dann das Currypulver und optional das Chilipulver dazugeben. Den frischen Ingwer waschen, reiben und hinzugeben.
3. Das Gemüse – außer die Zuckerschoten – in die Pfanne geben und 18–20 Minuten garen. Am besten einen Deckel auf die Pfanne geben.
4. Die Zuckerschoten waschen und ca. 3 Minuten vor Ende der Garzeit dazugeben.

NÄHRWERTE: (PRO PORTION)

599 kcal	16 g Eiweiß	40 g KH	48 g Fett

GLUTEN-FREI

VEGAN

TIPP

Wer möchte, kann auch Reis zum Curry servieren (Dann sind es aber eher 3–4 Portionen).

Das Gericht ist die perfekte Resteverwertung, denn man kann prinzipiell jedes Gemüse verwenden, das man gerade noch zu Hause hat. Übrigens schmeckt das Curry am nächsten Tag aufgewärmt fast noch besser, da sich dann alle Aromen der Gewürze toll entfalten konnten. Perfekt also auch als Meal Prep.

SÜẞKARTOFFEL *trifft Feta im Ofen*

VORBEREITUNG: 10 MIN. | ZUBEREITUNG: 20 MIN.

ZUTATEN

2 PORTIONEN

- 1 Süßkartoffel (ca. 300 g)
- 2 EL Olivenöl
- Salz
- Pfeffer
- 200 g Feta (ohne tierisches Lab)
- 1 Spritzer Zitronensaft
- 4–5 getrocknete Tomaten (in Öl)
- 1 TL getrockneter Oregano

ZUBEREITUNG

1. Den Backofen auf 180 °C (Umluft) vorheizen.
2. Die Süßkartoffel gut waschen und in ca. 0,5 cm dicke Scheiben schneiden. Die Scheiben auf einem mit Backpapier ausgelegten Backblech verteilen. Etwas Olivenöl mit Salz und Pfeffer verrühren und die Süßkartoffelscheiben damit bestreichen.
3. Feta in eine Schüssel krümeln, mit restlichem Olivenöl und Zitronensaft verrühren. Tomaten etwas abtropfen lassen, in Streifen schneiden und dazugeben. Mit Salz, Pfeffer und Oregano kräftig abschmecken. 1 gehäuften EL der Fetamasse auf jede Süßkartoffelscheibe geben.
4. Die Süßkartoffelscheiben ca. 20 Minuten im heißen Ofen (Mitte) backen.

TIPP

Das Rezept eignet sich perfekt als kleines Mittagessen oder auch als Beilage zu einem Salat.

NÄHRWERTE: (PRO PORTION)

556 kcal	20 g Eiweiß	36 g KH	37 g Fett

GLUTEN-FREI

VEGE-TARISCH

Peanut Buddha Bowl

Vorbereitung: 5 Min. | **Zubereitung: 20 Min.**

Zutaten

2 Portionen

Für die Bowl:

- 100 g Quinoa
- 1 TL Gemüsebrühe (Pulver)
- 1 Knoblauchzehe, Salz
- 1 große Süßkartoffel
- 1 EL Olivenöl
- ½ TL getrockneter Rosmarin
- ½ TL gemahlener Zimt
- Cayennepfeffer
- 1 Möhre
- 2 Stängel frischer Koriander
- 1 EL gesalzene Erdnusskerne

Für die Sauce:

- 100 ml Kokosmilch
- 1 TL Erdnussmus
- ¼ TL rote Currypaste
- 1 TL Sojasauce, 1 TL Limettensaft

Zubereitung

1. Die Quinoa in einem Sieb mit kaltem Wasser abspülen, danach mit 200 ml Wasser und 1 TL Gemüsebrühe in einen Topf geben und bei hoher Temperatur aufkochen. Sobald das Wasser kocht, die Temperatur reduzieren und 15–20 Minuten köcheln lassen. Das Wasser sollte am Ende komplett verkocht sein.
2. Den Backofen auf 220 °C (Umluft) vorheizen.
3. Den Knoblauch schälen und klein würfeln. 1 Prise Salz darübergeben und mit einer Gabel zerdrücken. Die Süßkartoffel schälen und in kleine Würfel schneiden. Mit Olivenöl, Rosmarin, Zimt, dem Knoblauch-Salz-Gemisch und 1 Prise Cayennepfeffer vermengen.
4. Die Süßkartoffeln auf ein mit Backpapier ausgelegtes Backblech geben und im heißen Ofen (Mitte) 15 Minuten backen. In der Zwischenzeit alle Zutaten für die Erdnusssauce in einer kleinen Schüssel vermengen. Die Möhre schälen und fein raspeln.
5. Die fertige Quinoa in eine Schüssel geben, Süßkartoffelstücke und Möhre dazugeben und mit der Erdnusssauce toppen. Den Koriander waschen, trocken schütteln und hacken. Erdnüsse ebenfalls hacken und beides über die Bowl geben.

Nährwerte: (pro Portion)

425 kcal	14 g Eiweiß	42 g KH	23,5 g Fett

GLUTEN-FREI

VEGAN

TIPP

Die 2 Portionen sind eher kleiner, aber ich finde, sie reichen für ein leichtes Mittag- oder Abendessen.

Gesunde SNACKS

Schon gewusst? Die besten Energy-Booster gegen das Nachmittagstief sind Datteln, Mandeln, Obst, grüner Tee und jede Menge Wasser.

Als Tipp: Je Kilogramm Körpergewicht sollte man 30 ml Wasser pro Tag trinken. Daher lohnt es sich besonders nachmittags, wenn die Energie so langsam nachlässt, mal zu überlegen, wie viel man heute denn schon getrunken hat. In diesem Kapitel verstecken sich ein paar superschnelle und gesunde Snack-Ideen. Datteln sind übrigens auch mein Go-to-Snack, wenn ich wirklich so gar keine Zeit habe. Sie sind reich an Zucker und haben einen entsprechend hohen Kaloriengehalt. Das brachte ihnen den Namen „Brot der Wüste“ ein. Ballaststoffe, Mineralstoffe wie Kalium, Kalzium und Magnesium sowie B-Vitamine machen sie zu einer gesunden Nascherei und geben dem Körper sofort einen richtigen Energieschub.

ENERGIE FÜR ZWISCHENDURCH

PAPAYA-
Boote

ZUBEREITUNG: 5 MIN.

ZUTATEN

2 PORTIONEN

- 1 Papaya
- 250 g Kokos-Joghurtalternative
- Obst nach Wahl (z. B. Beeren, Kiwi, Bananen)
- 2 TL Honig
- Crunchy Müsli (selbst gemacht schmeckt am besten)

ZUBEREITUNG

1. Die Papaya halbieren und die Kerne mit einem Esslöffel herauskratzen. Achtung: Die Kerne nicht wegwerfen.
2. Papaya mit Joghurtalternative füllen und mit Früchten eurer Wahl dekorieren.
3. Honig und Crunchy Müsli als Topping dazugeben.

TIPP

Die Kerne der Papaya besitzen eine milde Schärfe und eignen sich deshalb hervorragend zum Würzen von Speisen. Die Kerne dafür auf einem mit Backpapier ausgelegten Blech verteilen. Im vorgeheizten Backofen bei 50 °C (Ober-/Unterhitze) für 2–3 Stunden trocknen, oder einen Dörrautomaten benutzen. In eine Pfeffermühle füllen und wie Pfeffer verwenden!

NÄHRWERTE: (PRO PORTION)

187 kcal	3 g Eiweiß	27 g KH	7 g Fett

VEGE-
TARISCH

ERDBEER-SCHICHTBOWL

mit knackigem Schoko-Topping

VORBEREITUNG: 5 MIN. | ZUBEREITUNG: 10 MIN.

ZUTATEN

1 PORTION

- 40 g Haferflocken (optional: glutenfrei)
- 150 ml Pflanzendrink
- 5 große Erdbeeren
- 4 EL pflanzliche Joghurtalternative
- 30 g vegane Zartbitter-schokolade
- 1 TL Kokosöl

ZUBEREITUNG

1. Die Haferflocken zusammen mit dem Pflanzendrink in einem Topf ca. 5 Minuten köcheln lassen, bis das Ganze zu einem cremigen Porridge wird. Achtung: Nicht zu heiß werden lassen, sonst verdampft die Milch zu schnell, und das Porridge wird hart.
2. Erdbeeren waschen, putzen, klein schneiden und unter die Joghurtalternative rühren. Das Porridge in eine Schüssel füllen und den Erdbeerquark darauf schichten.
3. Die Zartbitterschokolade zusammen mit dem Kokosöl über dem Wasserbad oder in der Mikrowelle schmelzen. Die flüssige Schokolade dann auf den Quark geben und entweder ca. 10 Minuten ins Gefrierfach oder für 30 Minuten in den Kühlschrank geben, damit die Schokolade hart wird.

TIPP

Das Tolle hier ist der Effekt, wenn man mit dem Löffel in die kalte und harte Schokolade sticht. Die Bowl ist perfekt für einen warmen Sommertag, lässt sich auch super am Vorabend vorbereiten und entweder als Snack oder als Frühstück genießen.

NÄHRWERTE: (PRO PORTION)

524,3 kcal | 13,2 g Eiweiß | 56,9 g KH | 25,2 g Fett

VEGAN

MATCHA-ENERGY-BALLS

APRIKOSEN-ENERGY-BALLS

VEGAN

MATCHA-
Energy-Balls

VORBEREITUNG: 5 MIN. | ZUBEREITUNG: 10 MIN.

ZUTATEN

25 STÜCK

FÜR DEN TEIG:

- 2 EL Kokosöl
- 30 g gemahlene Mandeln
- 60 g Kokosmehl
- 40 g Hafermehl (optional: glutenfrei)
- Saft von ½ Zitrone
- 50 ml Pflanzendrink
- 1 ½ TL Matcha-Pulver
- 1 EL weißes Mandelmus
- 1 ½–2 EL Agavendicksaft

ZUM WÄLZEN:

- 1 ½ EL Kokosmehl
- ¼ TL Matcha-Pulver

ZUBEREITUNG

1. Das Kokosöl in einem kleinen Topf schmelzen.
2. Alle Zutaten für den Teig verkneten. Die Masse für ca. 10 Minuten in den Kühlschrank stellen.
3. In der Zwischenzeit das Kokosmehl und das Matcha-Pulver sieben und in einer Schüssel verrühren. Den Teig portionsweise zu kleinen Kugeln rollen und in der Kokosmehl-Matcha-Mischung wälzen.
4. Energy Balls im Kühlschrank lagern.

TIPP

Matcha enthält eine große Menge der Aminosäure L-Theanin, die für Entspannung und Stressreduktion sorgen kann. Zudem kann Matcha-Tee Gehirn- und Gedächtnisleistung, Konzentration und Stimmung verbessern.

NÄHRWERTE:

46 kcal	1,3 g Eiweiß	2 g KH	3,3 g Fett

VEGAN

APRIKOSEN-
Energy-Balls

ZUBEREITUNG: 5 MIN.

ZUTATEN

CA. 15 STÜCK

- 30 g Kokosraspel
- 50 g gehackte Mandeln
- 100 g getrocknete Aprikosen
- 100 Datteln (ohne Stein)
- 25 g Haferflocken (optional: glutenfrei)
- 10 g Agavendicksaft
- 1 EL Kokosöl

ZUBEREITUNG

1. Kokosraspel und Mandeln in einer Pfanne ohne Fett goldbraun rösten, auf einem großen Teller verteilen und abkühlen lassen.
2. Aprikosen, Datteln, Haferflocken, Kokos-Mandel-Mischung, Agavendicksaft und Kokosöl in einen Standmixer geben und zu einer cremigen Masse pürieren.
3. Alle Zutaten verkneten, aus dem Teig 15 kleine Kugeln formen und im Kühlschrank lagern. Schmeckt wie ein Urlaub in der Karibik!

NÄHRWERTE:

62 kcal (pro Ball) | 1,6 g Eiweiß | 5 g KH | 3 g Fett

SUPERSAFTIGE Müsliriegel

VORBEREITUNG: 5 MIN. | **ZUBEREITUNG: 20 MIN.**

ZUTATEN

CA. 8 STÜCK

- 150 g reife Banane
- 60 g Cashewkerne
- 50 g Mandeln
- 50 g Kokosraspel
- 90 g Datteln (ohne Stein)
- 50 g Honig
- 100 g frische Beeren (z. B. Himbeeren, Heidelbeeren, Johannisbeeren)
- 30 g Haferflocken (optional: glutenfrei)
- 15 g Sonnenblumenkerne
- 1 EL Kokoschips

ZUBEREITUNG

1. Den Backofen auf 200 °C (Umluft) vorheizen.
2. Die Banane schälen. Mit Cashewkernen, Mandeln, Kokoraspel, Datteln und Honig in einen Standmixer geben und mixen, bis die Masse weich ist.
3. Die Hälfte der frischen Beeren, die Haferflocken und Sonnenblumenkerne unter die Masse rühren.
4. Eine Auflaufform (20 cm x 20 cm) mit Backpapier auslegen. Die Masse in die Auflaufform geben und die restlichen Beeren in die Masse drücken. Die Kokoschips ebenfalls daraufgeben und leicht festdrücken.
5. Im heißen Ofen (Mitte) 20 Minuten backen. Die Masse abkühlen lassen und in Riegel schneiden.

TIPP

Das sind mit Abstand die saftigsten Riegel, die ich kenne. Durch die Banane erinnern sie mich etwas an kleine Küchlein. Man kann sie gut im Kühlschrank aufbewahren, und sie sind super zum Mitnehmen und als Snack zwischendurch.

NÄHRWERTE: (PRO RIEGEL)

411 kcal	4,3 g Eiweiß	18 g KH	14 g Fett

VEGE-
TARISCH

SO MATCHA BETTER!

Haferkekse *mit Schokolade*

Vorbereitung: 3 Min. | **Zubereitung: 13 Min.**

Zutaten

Ca. 12 Stück

- 2 reife Bananen
- 140 g Haferflocken (optional: glutenfrei)
- 1 EL Honig
- 30 g vegane Zartbitterschokolade

Zubereitung

1. Den Backofen auf 180 °C (Umluft) vorheizen.
2. Bananen schälen und in einer Schüssel mit einer Gabel zu Brei zerdrücken. Haferflocken und Honig hinzugeben. Die Schokolade grob hacken und zum Teig geben. Alles gut vermengen, mit einem Esslöffel ca. 12 gleich große Kekse formen, auf ein mit Backpapier ausgelegtes Backblech geben und etwas flachdrücken.
3. Die Kekse im heißen Ofen (Mitte) 13–14 Minuten backen und abkühlen lassen.

Tipp

Statt Schokolade kann man z. B. Rosinen oder anderes Trockenobst nehmen. Das Rezept eignet sich auch perfekt für Kinder!

Nährwerte: (pro Stück)

77 kcal	2 g Eiweiß	7 g KH	2 g Fett

VEGAN

GESUNDE Kokospralinen

ZUBEREITUNG: 10 MIN.

ZUTATEN

CA. 15 STÜCK

- 1 Dose Kokosmilch (400 ml)
- 75 g Kokosraspel, plus 2 EL zum Wälzen
- 1 EL Dattelsirup
- 15 geschälte Mandeln

ZUBEREITUNG

1. Die Kokosmilch über Nacht auf den Kopf stellen. Die Kokoscreme am nächsten Tag mit einem Löffel abschöpfen. Das Kokoswasser bleibt übrig und kann z. B. für einen Smoothie verwendet werden.
2. 75 g Kokoscreme mit den Kokosraspel und dem Dattelsirup in einer Rührschüssel vermengen. Aus dem Teig 15 kleine Kugeln formen und jeweils eine Mandel in die Mitte der Kugel stecken. Die Kugeln in den restlichen Kokosflocken wälzen.
3. Die Kokospralinen halten im Kühlschrank ca. 1 Woche.

NÄHRWERTE: (PRO PORTION)

104 kcal	1 g Eiweiß	2 g KH	10 g Fett

GLUTEN-
FREI
VEGAN

SCHOKO-ERDNUSS-Datteln

ZUBEREITUNG: 5 MIN.

ZUTATEN

10 STÜCK

- 10 Datteln (Medjool, ohne Stein)
- 5 TL Erdnussmus
- grobes Meersalz
- 50 g vegane Zartbitterschokolade

ZUBEREITUNG

1. Die Datteln in der Mitte aufschneiden und mit Erdnussmus füllen. 1 Prise grobes Meersalz auf das Mus streuen.
2. Die Zartbitterschokolade über dem Wasserbad schmelzen und über die Datteln geben.
3. Aus dem Kühlschrank schmeckt dieser gesunde Snack wie einer meiner Lieblings-Schokoriegel!

GOOD TO KNOW:

Die Medjool-Datteln enthalten sehr viel pflanzliche Ballaststoffe und Kalium. Außerdem sind sie ein wertvoller Lieferant für Spurenelemente wie Eisen, Zink, Phosphor, Mangan, Kupfer, Kalzium und Magnesium. Noch dazu ist diese Dattelart supersaftig und süß! Man bekommt sie übrigens oft in türkischen Lebensmittelgeschäften oder in gut sortierten Supermärkten.

NÄHRWERTE: (PRO DATTEL)

95 kcal	2,75 g Eiweiß	4,5 g KH	7,2 g Fett

ERDNUSSBUTTER ODER ERDNUSSMUS?

Erdnussbutter enthält neben 50 - 70% Erdnüssen gewöhnlicherweise zusätzlich Sonnenblumenöl, Zucker und Salz.

Erdnussmus hingegen wird nur aus Erdnüssen ohne Zusätze hergestellt.

G

Leckere ABENDESSEN

Ich finde, es gibt zwei Arten von Menschen beim Thema Abendessen. Einmal die, die sich den ganzen Tag schon hungrig darauf freuen, abends Zeit in der Küche zu verbringen und ein leckeres Gericht zu kochen, und die, die zwar auch hungrig sind, aber weder Zeit noch Lust auf aufwendige Kochsessions haben. Daher habe ich in diesem Kapitel meine liebsten Abendessen-Ideen zusammengefasst, bei denen jeder Typ etwas finden sollte. Schnell, lecker und super einfach wie das gesunde Shakshuka oder etwas aufwendiger, aber dafür mit Wow-Faktor wie der gebratene Reis im Ananas-Boot – was darf es heute sein?

SO ENDET DER TAG PERFEKT

AUBERGINEN-TOMATEN-SALAT

mit Kichererbsen

VORBEREITUNG: 10 MIN. | ZUBEREITUNG: 10 MIN.

ZUTATEN

2 PORTIONEN

- ½ Aubergine (ca. 150 g)
- 1 Knoblauchzehe
- Salz
- 1 TL süßer Senf
- 1 EL Olivenöl
- 1 TL Weißweinessig
- ½ TL getrockneter Thymian
- 80 g Kichererbsen
- 50 ml Gemüsebrühe
- 1 Bio-Zitrone
- 150 g Kirschtomaten
- 100 g Feta (ohne tierisches Lab)
- ½ Bund glatte Petersilie
- 1 TL Sesam

ZUBEREITUNG

1. Die Aubergine waschen, putzen und klein würfeln. Den Knoblauch schälen und in feine Scheiben schneiden. 1 Prise Salz über die Knoblauchscheiben geben und mit einer Gabel zerdrücken. Knoblauch, Senf, Olivenöl, Essig und Thymian zu den Auberginenwürfeln geben.
2. Den Backofen auf 240 °C (Ober-/Unterhitze) vorheizen.
3. Die Kichererbsen in die Gemüsebrühe geben. Die Zitrone heiß waschen, abtrocknen, die Schale abreiben und den Saft auspressen. Saft zu der Gemüsebrühe und den Kichererbsen geben. Die Kichererbsen mit der Gemüsebrühe und dem Zitronensaft auf eine Hälfte eines mit Backpapier ausgelegten Backblechs geben. Die marinierte Aubergine auf die andere Hälfte geben. Das Gemüse im heißen Ofen (Mitte) 10 Minuten backen.
4. In der Zwischenzeit die Kirschtomaten waschen und zusammen mit dem Feta kleinschneiden. Die Petersilie waschen, trocken schütteln und fein hacken.
5. Das Gemüse aus dem Ofen nehmen und zu Tomaten und Feta geben. Alles gut vermengen. Petersilie, Sesam und Zitronenschale dazugeben und unterheben.

NÄHRWERTE: (PRO PORTION)

762 kcal | 37,5 g Eiweiß | 52,5 g KH | 40 g Fett

GLUTEN-FREI

VEGE-TARISCH

TIPP

Das Rezept eignet sich perfekt als Grillbeilage oder auch für Meal Prep. Ich mag es besonders, weil es nicht aus kalten Salatblättern besteht. Warm schmeckt der Salat übrigens besonders gut!

SHAKSHUKA

Gemüse-Ei-Pfanne

VORBEREITUNG: 5 MIN. | ZUBEREITUNG: 12 MIN.

ZUTATEN

1 PORTION

- 150 g Gemüse (z. B. Paprika, Zucchini oder Aubergine)
- 1 TL Öl
- 250 g passierte Tomaten
- ½ TL Salz
- 12 TL rosenscharfes Paprikapulver
- Pfeffer
- Cayennepfeffer
- 2 Eier (Größe M)
- frischer Koriander

ZUBEREITUNG

1. Das Gemüse waschen, putzen und klein schneiden. Öl in einer Pfanne erhitzen und das Gemüse darin anbraten. (Wenn man eine Pfanne mit Metallgriff und ohne Plastik hat, kann man diese nun weiterverwenden. Falls nicht, sollte man eine kleine Auflaufform benutzen, da diese gleich in den Ofen kommt.)
2. Den Backofen auf 180 °C (Umluft) vorheizen.
3. Das Gemüse in die Auflaufform geben und die passierten Tomaten hinzufügen. ½ TL Salz, das Paprikapulver und je 1 Prise Pfeffer und Cayennepfeffer dazugeben und alles verrühren.
4. Mit einem Löffel 2 kleine Mulden in die Sauce drücken und die Eier hineinschlagen. Die Eigelbe sollten dabei nicht kaputtgehen. Im heißen Ofen (Mitte) ca. 12 Minuten backen, bis die Eier gestockt sind.
5. In der Zwischenzeit den Koriander waschen, trocken schütteln und hacken. Das Shakshuka aus dem Ofen nehmen, den Koriander darübergeben und genießen!

NÄHRWERTE: (PRO PORTION)

328,5 kcal | 20,5 g Eiweiß | 17,5 g KH | 19,2 g Fett

GLUTEN-FREI

VEGE-TARISCH

TIPP

Shakshuka stammt ursprünglich aus Nordafrika, ist aber in Israel ein Nationalgericht. Das Tolle ist, dass man auch hier wieder einmal total gut Gemüsereste verwerten kann und das Gericht dadurch immer etwas anders schmecken wird! Ich liebe es vor allem, wenn es abends schnell gehen muss.

MEDITERRANE Gemüse-Schiffchen

VORBEREITUNG: 7 MIN. | **ZUBEREITUNG: 18 MIN.**

ZUTATEN

2 PORTIONEN

- 600 g Gemüse nach Wahl (z. B. Möhren, Zucchini, Paprika)
- 1 ½ EL Öl
- 2 TL getrockneter Oregano
- 1 TL getrockneter Rosmarin
- 1 Frühlingszwiebel
- 1 Knoblauchzehe
- Salz
- 6 Kugeln Mini-Mozzarella

ZUBEREITUNG

1. Den Backofen auf 200 °C (Umluft) vorheizen.
2. Gemüse waschen, putzen, klein schneiden und mit dem Öl und den Gewürzen in einer Schüssel marinieren. Die Frühlingszwiebel waschen, putzen und in feine Ringe schneiden. Die Ringe ebenfalls zum Gemüse geben.
3. Den Knoblauch schälen und klein würfeln. 1 gute Prise Salz auf den Knoblauch geben und den Knoblauch mit einer Gabel zerdrücken. Den Knoblauch mit dem Salz zu der Gemüsemischung geben und gut vermengen.
4. Aus Backpapier kleine Schiffchen bauen, indem man die Enden eindreht. Das Gemüse in die Schiffchen geben und im heißen Ofen (Mitte) ca. 18 Minuten backen.
5. Nach ca. 12 Minuten die Mozzarella-Kugeln auf das Gemüse legen, damit diese schmelzen können.

NÄHRWERTE: (PRO PORTION)

273 kcal	31 g Eiweiß	12 g KH	36 g Fett

TIPP

Auch dieses Rezept ist ein perfektes Resteessen. Mann kann alles an Gemüseresten verwerten, es schmeckt jedes mal anders und trotzdem lecker. Auch bei den Gewürzen kann man natürlich komplett variieren.

CHICKEN NUGGETS
im Cornflakes-Mantel

VORBEREITUNG: 5 MIN. | ZUBEREITUNG: 20 MIN.

ZUTATEN

2 PORTIONEN

FÜR DIE NUGGETS:

- 300 g Hähnchenbrustfilet
- 2 EL Ahornsirup
- 1 TL edelsüßes Paprikapulver
- ½ TL rosenscharfes Paprikapulver
- ½ TL Cayennepfeffer
- Salz
- 70 g zuckerfreie Mais-Cornflakes

FÜR DEN KETCHUP:

- 100 g passierte Tomaten
- 50 g Tomatenmark
- 2 Datteln (ohne Stein)
- ½ TL Apfelessig
- Salz
- rosenscharfes Paprikapulver

ZUBEREITUNG

1. Den Backofen auf 200 °C (Umluft) vorheizen.
2. Das Hähnchenbrustfilet in Stücke schneiden und mit Ahornsirup, beiden Paprikapulvern, Cayennepfeffer und 1 Prise Salz marinieren.
3. Die Cornflakes in einen Gefrierbeutel geben und mit einem Nudelholz zerkleinern. Je kleiner sie sind, desto besser haften sie nachher am Fleisch. Die Hähnchenstücke in die Cornflakes geben und von allen Seiten darin rollen.
4. Die Nuggets auf ein mit Backpapier ausgelegtes Backblech legen und im heißen Ofen (Mitte) ca. 18 Minuten backen, bis sie goldbraun sind. Nach der Hälfte der Zeit einmal wenden.
5. In der Zwischenzeit für den Ketchup passierte Tomaten, Tomatenmark, Datteln, Essig, 2 Prisen Salz und 1 Prise Paprikapulver in einen Standmixer geben und solange mixen, bis die Datteln komplett zerkleinert sind.

NÄHRWERTE: (PRO PORTION)

411 kcal	47 g Eiweiß	59 g KH	2 g Fett

GLUTEN-FREI

TIPP

Der Ketchup hält sich übrigens ca. 1 Woche im Kühlschrank und passt, wie wir wissen, zu allem. ☺

SÜẞKARTOFFEL-POMMES

mit dem leckersten Avocado-Dip ever

VORBEREITUNG: 10 MIN. | ZUBEREITUNG: 20 MIN.

ZUTATEN

1 PORTION

FÜR DIE POMMES:

- 1 große Süßkartoffel
- 1 EL Öl
- 1 TL edelsüßes Paprikapulver
- 1 TL rosenscharfes Paprikapulver

FÜR DEN AVOCADO-DIP:

- 1 kleine Avocado
- 2 Kirschtomaten
- ¼ Knoblauchzehe
- ½ Bund Koriander
- Saft von ¼ Limette
- Salz

ZUBEREITUNG

1. Den Backofen auf 200 °C (Umluft) vorheizen.
2. Die Süßkartoffel schälen und in kleine Streifen schneiden. (Je dünner du die Pommes schneidest, desto knuspriger werden diese am Ende.)
3. Die Pommes zusammen mit dem Öl und den Gewürzen in eine Schüssel geben und umrühren, damit alle Pommes gut gewürzt sind.
4. Die Pommes auf ein mit Backpapier ausgelegtes Backblech legen und im heißen Ofen (Mitte) ca. 20 Minuten backen. Dabei immer mal wieder nach den Pommes schauen. Jede Süßkartoffel hat einen anderen Feuchtigkeitsgehalt, sie brauchen daher unterschiedlich lang.
5. In der Zwischenzeit die Avocado halbieren, den Kern enfernen und das Fruchtfleisch mit einem Löffel herauslösen. Die Tomaten waschen und den Knoblauch schälen. Den Koriander waschen und trocken schütteln, einen kleinen Teil hacken und beiseitelegen. Alle Dip-Zutaten und ½ TL Salz in einen Standmixer geben und zu einer cremigen Masse pürieren. In eine Schüssel geben und mit etwas gehacktem Koriander toppen. Pommes und Dip servieren und genießen!

NÄHRWERTE: (PRO PORTION)

674 kcal	5 g Eiweiß	12 g KH	64 g Fett

GLUTEN-FREI

VEGAN

TIPP

Ein Traum! Ich salze die Pommes übrigens nicht extra, weil in dem Avocado-Dip schon genug Würze steckt. Supergesund und schnell gemacht!

THE BEST MEMORIES
ARE MADE AROUND
THE TABLE!

ONE-POT-Zitronenhähnchen

VORBEREITUNG: 10 MIN. | ZUBEREITUNG: 35 MIN.

ZUTATEN

2 PORTIONEN

- 300 g Hähnchenbrustfilet
- Salz
- Pfeffer
- 2 Knoblauchzehen
- 30 ml Zitronensaft
- 1 EL Honig
- 2 Zweige Rosmarin
- 2 Bio-Zitronenscheiben
- 350 g vorwiegend festkochende Kartoffeln
- 8 Kirschtomaten
- ½ EL Olivenöl

ZUBEREITUNG

1. Das Hähnchen in 2 Scheiben teilen, in eine Auflaufform legen und mit je 1 Prise Salz und Pfeffer würzen.
2. Den Knoblauch schälen, klein würfeln und 1 Prise Salz darübergeben. Mit einer Gabel den Knoblauch zerdrücken. Zitronensaft, Honig, die Hälfte des Knoblauchs und 1 Prise Pfeffer in einer Schüssel vermengen und über die Hähnchenbrustfilets geben.
3. Rosmarinzweige waschen, trocken schütteln und zwischen dem Hähnchen in der Auflaufform platzieren. Je 1 Zitronenscheibe auf die Oberseite der Hähnchenbrust legen.
4. Den Backofen auf 200 °C (Umluft) vorheizen.
5. Kartoffeln und Tomaten waschen. Die Kartoffeln in mundgerechte Stücke schneiden. Olivenöl und Knoblauch vermengen und in einer Schüssel mit den Kartoffeln und Tomaten vermengen. Alles in die Auflaufform zum Hähnchen geben.
6. Im heißen Ofen (Mitte) ca. 35 Minuten backen. Zwischendurch eine Garprobe beim Hähnchen und den Kartoffeln machen.

NÄHRWERTE: (PRO PORTION)

339 kcal	39 g Eiweiß	31 g KH	4 g Fett

GLUTEN-FREI

TIPP

Ich liebe das Rezept, weil das Hähnchen im Backofen besonders zart wird. Außerdem schmeckt es dank der Zitrone superfrisch.

GEBRATENER REIS *mit Ananas*

VORBEREITUNG: 10 MIN. | ZUBEREITUNG: 20 MIN.

ZUTATEN

2 PORTIONEN

- 1 Ananas
- 1 Knoblauchzehe
- Salz
- 1 Möhre
- 1 Schalotte
- 1 EL Öl
- 200 g gekochter Reis (am besten vom Vortag)
- 2 TL Currypulver
- 1 Ei (Größe M)
- Saft von 1 Limette
- 4 TL Sojasauce
- 2 TL Austernsauce
- Cayennepfeffer
- 100 g TK-Erbsen
- 50 g Cashewkerne
- 1 Frühlingszwiebel

ZUBEREITUNG

1. Die Ananas halbieren und aushöhlen. Dafür mit einem Messer am Fruchtfleisch entlang fahren und zum Rand der Ananas ca. 1 cm Platz lassen. Ein Quadratmuster in die Ananas schneiden. Nun kann man die Stücke mit einem Esslöffel herausheben.
2. Den Knoblauch schälen und fein würfeln. 1 Prise Salz darübergeben und mit einer Gabel zerdrücken. Die Möhre schälen und in kleine Stücke schneiden. Die Schalotte schälen und in kleine Halbringe schneiden.
3. Das Öl in einer Pfanne erhitzen und die Schalotte darin kurz anbraten. Reis, Knoblauch und Currypulver hinzugeben und alles gut vermengen. Den Reis an den Rand der Pfanne schieben, sodass eine kleine Mulde in der Mitte entsteht. In die Mitte das Ei aufschlagen. Langsam rühren, damit alles gut vermengt wird.
4. Limettensaft mit Sojasauce, Austernsauce und 1 Prise Cayennepfeffer verrühren. Die Sauce über den Reis in der Pfanne geben. TK-Erbsen, Möhren und die Ananasstücke zum Reis geben und kurz anbraten.
5. Die Frühlingszwiebel waschen und in Ringe schneiden. Den Fried Rice in die ausgehöhlte Ananas geben, Frühlingszwiebelringe und Cashewkerne darüberstreuen.

NÄHRWERTE: (PRO PORTION)

664 kcal | 21 g Eiweiß | 106 g KH | 20,5 g Fett

TIPP

Echte Profis essen das Gericht mit Stäbchen!

MANGO-HALLOUMI-Spieße

VORBEREITUNG: 5 MIN. | ZUBEREITUNG: 5 MIN.

ZUTATEN

2 PORTIONEN

- 1 kleine Mango
- 100 g Halloumi
- 1 TL Olivenöl
- 1 EL Honig
- 1 Msp. Chilipulver
- 1 Schalotte
- 2 Zweige Rosmarin
- 4 Holzspieße

ZUBEREITUNG

1. Die Mango halbieren, den Stein entfernen, Mango schälen und in mundgerechte Stücke schneiden. Den Halloumi ebenfalls in mundgerechte Stücke schneiden.
2. Öl, Honig und Chilipulver in einer kleinen Schale vermischen. Schalotte schälen und in Stücke schneiden.
3. Den Rosmarin waschen und trocken schütteln. Abwechselnd Halloumi, Mango und Zwiebel auf die Holzspieße aufspießen. Mit dem Dressing übergießen und marinieren. Jeweils ½ Rosmarinzweig zwischen die Spieße klemmen. Der Rosmarin wird beim Braten oder Grillen total knusprig und passt perfekt zu der fruchtig-herzhaften Kombi.
4. Die Spieße kann man grillen oder ganz einfach in der Pfanne anbraten. Da sie bereits mit Öl mariniert sind, sollte kein weiteres Fett zum Braten nötig sein. Ca. 3 Minuten je Seite braten oder grillen, bis der Käse goldbraun ist.

NÄHRWERTE: (PRO PORTION)

295 kcal	14,5 g Eiweiß	17 g KH	18 g Fett

GLUTEN-
FREI

VEGE-
TARISCH

Wassermelonen-Salat

mit Feta

ZUBEREITUNG: 5 MIN.

ZUTATEN

4 PORTIONEN

FÜR DEN SALAT:

- ½ Wassermelone
- 300 g Feta (ohne tierisches Lab)
- ½ Bund frische Minze
- 20 g Pinienkerne

FÜR DAS DRESSING:

- Saft von ½ Limette
- 2 EL Olivenöl
- 1 TL Honig
- Salz

ZUBEREITUNG

1. Die Wassermelone so gut wie möglich entkernen, das Fleisch in 2 cm große Würfel schneiden und 1 EL Melonensaft für das Dressing auffangen. Den Feta in 1 cm große Würfel schneiden und unter die Melone heben. Die Minze waschen, trocken schütteln, die Blätter abzupfen, grob hacken und dazugeben.
2. Die Pinienkerne in einer Pfanne ohne Fett rösten und ebenfalls in die Schüssel streuen.
3. Alle Zutaten für das Dressing und 1 Prise Salz in einer Tasse verrühren und abschmecken. Es darf nicht zu dominant salzig sein, weniger ist da mehr. Mit einem Löffel das Dressing über den Melonensalat verteilen.

NÄHRWERTE: (PRO PORTION)

367 kcal	16,5 g Eiweiß	17,5 g KH	22,5 g Fett

GLUTEN-FREI

VEGE-TARISCH

CHICKEN CASHEW
Salad Wraps

VORBEREITUNG: 10 MIN. | ZUBEREITUNG: 10 MIN.

ZUTATEN

2 PORTIONEN

- 400 g Hähnchenbrustfilet
- 4 TL Austernsauce
- 4 TL Sojasauce
- 1 TL Chilipaste
- 2 Knochblauchzehen
- 1 TL großes Stück Ingwer
- 2 TL Olivenöl
- 50 g Cashewkerne
- 2 Romanasalatherzen
- 4 Basilikumblätter
- 1 TL Sesam

ZUBEREITUNG

1. Das Hähnchenfilet in mundgerechte Stücke schneiden und zusammen mit Austernsauce, Sojasauce und Chilipaste in einem Gefrierbeutel für 10 Minuten marinieren.
2. Knoblauch schälen, Ingwer waschen und beides fein reiben. Die Pfanne erhitzen, Knoblauch und Ingwer mit 1 TL Olivenöl für ca. 30 Sekunden darin erwärmen. Wichtig: Knoblauch und Ingwer dürfen nicht verbrennen, sonst werden sie bitter. Auf mittlerer Hitze nun das marinierte Hähnchen hinzugeben und in der Pfanne anbraten. Sobald das Hähnchen durchgebraten ist, die Chashewkerne für 1–2 Minuten hinzugeben.
3. Den Salat waschen, trocken schleudern und die Hähnchen-Cashew-Mischung in die Salatblätter füllen.
4. Basilikumblätter kleinschneiden und die Wraps mit diesen und dem Sesam toppen.

NÄHRWERTE: (PRO PORTION)

419 kcal	60 g Eiweiß	18 g KH	15 g Fett

GLUTEN-FREI

Soul-FOOD

Wenn man meine Freunde fragen würde, was mein absolutes Lieblingsdessert ist, würden wohl alle einstimmig antworten: Schokokuchen mit flüssigem Kern. Daher musste unbedingt eine etwas gesündere und trotzdem unfassbar leckere Variante mit in mein Kochbuch. In diesem Rezept versteckt sich sogar Zucchini. Klingt erstmal komisch, sorgt aber für die fluffige Konsistenz. Neben einem saftigen Bananenbrot oder einem No-Bake-Himbeerkuchen (den wirklich jeder „backen“ kann), findest du auch eines meiner weiteren Highlights in diesem Kapitel: Gesunde Toffee-Pralinen – eine wahre Geschmacksexplosion, ganz ohne schlechtes Gewissen. Ausprobieren lohnt sich hier also ganz besonders. Das hier ist übrigens mein liebstes Kapitel von allen!

Kleine Seelenstreichler

GESUNDES Beeren-Crumble

VORBEREITUNG: 5 MIN. | ZUBEREITUNG: 25 MIN.

ZUTATEN

1 PORTION

- 30 g Hafermehl oder gemahlene Haferflocken (optional: glutenfrei)
- 10 g gemahlene Mandeln
- 15 g Mandeldrink
- 1 TL Ahornsirup
- ½ TL Kokosöl
- 200 g TK-Beeren (z. B. Himbeeren und Heidelbeeren)
- ¼ Limette

ZUBEREITUNG

1. Hafermehl mit gemahlenen Mandeln, Mandeldrink, Ahornsirup und Kokosöl vermengen. Der Teig für die Streusel wird am besten, wenn man ihn dann für ca. 10 Minuten stehen lässt.
2. Den Backofen auf 180 °C (Umluft) vorheizen.
3. Die Beeren in eine kleine Auflaufform geben und die Limette darüber auspressen.
4. Mit den Händen aus dem Teig Streusel formen und auf die Beeren geben. Wie groß die Streusel sein sollen, könnt ihr ganz nach Geschmack entscheiden. Ich mag sie lieber etwas größer.
5. Das Crumble im heißen Ofen (Mitte) 20–25 Minuten backen, bis die Streusel goldbraun sind.

TIPP

Ich liebe dieses Rezept, weil es so fancy aussieht, aber total schnell gemacht ist. Perfekt auch, wenn man spontan Gäste bekommt.

NÄHRWERTE: (PRO PORTION)

297 kcal	27,1 g Eiweiß	36,6 g KH	9,8 g Fett

VEGAN

SAFTIGE Schoko-Tarte

VORBEREITUNG: 10 MIN. | ZUBEREITUNG: 18 MIN.

ZUTATEN

1 TARTE-FORM (Ø 24CM) (16 STÜCKE)

- 100 g Zartbitterschokolade (70-75% Kakaoanteil)
- 30 g Kokosöl, plus etwas mehr für die Form
- 300 ml Mandeldrink
- 150 ml Ahornsirup
- 200 g Mandelmehl
- 100 g Hafermehl (optional: glutenfrei)
- 1 TL Backpulver
- 30 g Backkakao
- Salz

ZUBEREITUNG

1. Den Backofen auf 180 °C (Umluft) vorheizen.
2. Schokolade, Kokosöl und Mandeldrink in einem Topf erwärmen, bis die Schokolade geschmolzen ist und eine cremige Masse entsteht. Den Ahornsirup dazugeben und unterrühren. Den Topf vom Herd nehmen.
3. Mandel- und Hafermehl, Backpulver, Kakao und 1 Prise Salz vermengen, dann die Schokomilch dazugeben und mit einem Löffel zu einem Teig verrühren. Die Tarte-Form mit Kokosöl fetten und den Teig hineinfüllen.
4. Tarte im heißen Ofen (Mitte) ca. 18 Minuten backen.

TIPP

Das ist der saftigste Schokokuchen, den ich je gegessen habe!

Für die Extraportion Schokolade kann man den Kuchen noch mit Zartbitterschokolade glasieren.

NÄHRWERTE: (PRO STÜCK)

140 kcal	8 g Eiweiß	12 g KH	6 g Fett

VEGAN

NO-BAKE-
Himbeerkuchen

VORBEREITUNG: 5 MIN. | ZUBEREITUNG: 1 STD.

ZUTATEN

1 SPRINGFORM (Ø 18CM)
(8 STÜCKE)

FÜR DEN BODEN:

- 10g Kokosöl, plus etwas mehr für die Form
- 80g Datteln (ohne Stein)
- 70g Kleinblatt-Haferflocken (optional: glutenfrei)
- 10g Backkakao

FÜR DIE HIMBEERCREME:

- 200g Cashewkerne
- 200g TK-Himbeeren
- 50g Datteln (ohne Stein)
- Saft von ½ Limette

ZUBEREITUNG

1. Die Cashewkerne für mindestens 1 Stunde in Wasser einweichen und anschließend abtropfen lassen. Den Boden der Springform mit Backpapier auslegen und den Rand mit Kokosöl einfetten.
2. Für den Boden Datteln, Haferflocken, Kakao und Kokosöl in einen Standmixer geben und zerkleinern. Die Masse in der Springform verteilen und andrücken.
3. Für die Creme Cashewkerne, Himbeeren, Datteln und Limettensaft in einen Standmixer geben und zu einer cremigen Masse pürieren.
4. Die Creme auf dem Boden verteilen und den Kuchen am besten über Nacht in den Kühlschrank stellen.

NÄHRWERTE: (PRO STÜCK)

214 kcal	6g Eiweiß	19g KH	13g Fett

VEGAN

Das saftigste *Bananenbrot überhaupt*

Vorbereitung: 5 Min. | Zubereitung: 45 Min.

Zutaten

1 Brot (12 Stücke)

- 3 reife Bananen
- 60 g Kokosöl, plus etwas mehr für die Form
- 1 TL Apfelessig
- Salz
- 3 TL Zimt
- 50 g Kokosmehl
- 200 g Dinkelmehl (glutenfrei wäre z. B. glutenfreies Hafermehl)
- 1 TL Backpulverxf
- 200 ml Milch (alternativ: Mandeldrink)
- 60 ml kohlensäurehaltiges Mineralwasser
- 2 EL Ahornsirup
- 100 g Heidelbeeren

Zubereitung

1. Den Backofen auf 180 °C (Umluft) vorheizen.
2. 2 Bananen schälen und in einer Schüssel mit einer Gabel zerdrücken. Das Kokosöl kurz in einem Topf oder in der Mikrowelle schmelzen lassen. Alle weiteren Zutaten (außer der übrigen Banane und den Beeren) dazugeben und zu einem Teig vermengen. Zum Schluss die Heidelbeeren unter den Teig heben.
3. Eine Kastenform (30 cm Länge) mit Kokosöl fetten. Den Teig in die Form geben und die übrige Banane schälen, längs halbieren und oben auf den Teig legen.
4. Das Brot im heißen Ofen (Mitte) ca. 45 Minuten backen.

Tipp

Bananenbrot kann man perfekt zum Frühstück, als Snack oder als Dessert genießen. Ich mag es auch super gerne zusammen mit Erdnusscreme und Konfitüre.

Nährwerte: (pro Portion)

165 kcal	3 g Eiweiß	23 g KH	6 g Fett

VEGETARISCH

Triple Chocolate Lava Cake

mit versteckter Zucchini

Vorbereitung: 5 min. | **Zubereitung: 22 min.**

Zutaten

1 Portion

- 40 g Kleinblatt-Haferflocken (optional: glutenfrei)
- 40 g Zucchini
- 100 ml Pflanzendrink
- 1 TL Backkakao
- ½ TL Backpulver
- 10 g vegane Zartbitter-Schokodrops
- 15 g vegane Zartbitter-schokolade

Zubereitung

1. Den Backofen auf 220 °C (Umluft) vorheizen.
2. Haferflocken, Zucchini, Pflanzendrink, Kakao- und Backpulver in einen Standmixer geben und zu einer cremigen Masse vermixen. Durch den Kakaoanteil kann man die Zucchini jetzt schon kaum mehr erkennen und nachher auch nicht schmecken. Versprochen!
3. Die Schokodrops unter den Teig rühren und den Teig in eine kleine Auflaufform füllen. In die Mitte des Teigs ein Stück Zartbitterschokolade stecken. Das ist nachher der flüssige Kern.
4. Den Kuchen im heißen Ofen (Mitte) ca. 22 Minuten backen. Kurz abkühlen lassen und genießen!

Tipp

Nach Lust und Laune kann man auch noch mehr Zucchini nehmen. Sie macht den Teig total saftig und fluffig.

Nährwerte: (pro Portion)

361 kcal	10 g Eiweiß	41 g KH	16,5 g Fett

VEGAN

GOOD FOOD,
GOOD MOOD!

GESUNDE
Toffee-Pralinen

VORBEREITUNG: 10 MIN. | **ZUBEREITUNG: 2 STD. 30 MIN.**

ZUTATEN

24 STÜCK

- 60 ml Kokosdrink
- 30 g Kokosblütenzucker
- 25 g Kokosöl
- 60 g Mandelmus
- 24 Haselnusskerne
- 30 g vegane Zartbitterschokolade
- leere Süßigkeitenverpackung mit kleinen Mulden

ZUBEREITUNG

1. Kokosdrink mit dem Kokosblütenzucker und dem Kokosöl in einen Topf geben und erhitzen, bis das Öl geschmolzen ist. Das Mandelmus unterrühren und in die kleinen Mulden der Verpackung gießen. In die Mitte jeweils eine Haselnuss drücken. Die Packung für ca. 30 Minuten ins Gefrierfach geben.
2. Die Schokolade über dem Wasserbad schmelzen. Als kleine Kleckse auf die Toffees geben und wieder mindestens 2 Stunden ins Gefrierfach geben.

TIPP

So unfassbar lecker und eine tolle gesündere Alternative zur bekannten Süßigkeit. Am besten bewahrt man die Toffees weiter im Gefrierfach oder im Kühlschrank auf.

NÄHRWERTE: (PRO STÜCK)

53 kcal	1 g Eiweiß	2 g KH	4 g Fett

GLUTEN-
FREI
VEGAN

Gesunde Nusscreme
mit Obst

VORBEREITUNG: 10 MIN. | **ZUBEREITUNG: 10 MIN.**

ZUTATEN

4 PORTIONEN

- 100 g Haselnusskerne
- 100 g getrocknete Datteln
- 40g Backkakao
- 1 TL Kokosöl
- Obst nach Wahl

ZUBEREITUNG

1. Den Backofen auf 180 °C (Umluft) vorheizen. Die Haselnüsse auf ein mit Backpapier ausgelegtes Backblech geben und im heißen Ofen (Mitte) 10 Minuten rösten.
2. Die Datteln in der Zwischenzeit mit heißem Wasser übergießen und 10 Minuten ziehen lassen.
3. Die gerösteten Haselnüsse aus dem Ofen nehmen und mit Datteln, Kakaopulver und Kokosöl in einem Standmixer pürieren. Das kann einige Minuten dauern, lohnt sich aber! Je länger man sich hier Zeit lässt, desto cremiger wird die Konsistenz am Ende.

TIPP

Bei diesem Rezept muss man wirklich lange mixen und etwas Geduld mitbringen, aber nach ca. 10 Min mixen entsteht eine streichzarte Creme.

NÄHRWERTE: (PRO PORTION)

204 kcal	6 g Eiweiß	6 g KH	18 g Fett

GLUTEN-FREI

VEGAN

COOKIE DOUGH

zum Löffeln

ZUBEREITUNG: 5 MIN.

ZUTATEN

2 PORTIONEN

- 1 Dose Kichererbsen (ca. 275 g Abtropfgewicht)
- 60 g weißes Mandelmus
- 1 TL Vanilleextrakt
- Salz
- 60 g Reissirup
- 20 g Kokosmehl
- 40 g vegane Zartbitter-Schokodrops

ZUBEREITUNG

1. Die Kichererbsen in ein Sieb abgießen, mit Wasser abspülen und mit den Fingern die harte Schale lösen (diese ist schwer verdaulich). Das ist zwar etwas Arbeit, wird sich aber lohnen!
2. Kichererbsen, Mandelmus und Vanilleextrakt in einem Standmixer pürieren. 1 Prise Salz, den Reissirup und das Kokosmehl hinzufügen und nochmal mixen. Die Schokodrops unterheben. Den Keksteig am besten im Kühlschrank aufbewahren.

TIPP

Kichererbsen klingen vielleicht im ersten Moment etwas seltsam, aber ich verspreche, dass man diese am Ende wirklich gar nicht rausschmecken wird!

NÄHRWERTE: (PRO PORTION)

562 kcal	17 g Eiweiß	61 g KH	27 g Fett

GLUTEN-
FREI
VEGAN

Erdbeer-Minz-Nicecream

Zubereitung: 5 Min.

Zutaten

1 Portion

- 50 g TK-Erdbeeren
- 2 gefrorene, reife Bananen
- 30 ml Pflanzendrink
- 5 Blätter frische Minze, plus etwas mehr zum Dekorieren

Zubereitung

Alle Zutaten im Standmixer zu einer cremigen Eiscreme mischen. Mit Minze dekorieren und genießen.

Tipp

So simpel und so cremig! Das Rezept kann man übrigens auch perfekt abwandeln. Grundlage sind die gefrorenen Bananen, dann kann man eigentlich alles dazugeben, z. B. Kakaopulver & Erdnusscreme, gefrorene Mango oder auch Matcha-Pulver. So gesund und trotzdem so lecker!

Nährwerte: (pro Portion)

240 kcal	2,5 g Eiweiß	52 g KH	1 g Fett

TIPP

Am besten überreife Bananen schälen und in Stücken in einem Gefrierbeutel tiefkühlen.

Snacks

FÜR TV-ABENDE

Abends auf der Couch beim Fernsehen greift man oft und gerne mal zu Chips, Schoki und Gummibärchen, oder? Für ein bisschen mehr gesunde Auswahl habe ich ein paar leckere Ideen kreiert, die etwas mehr Abwechslung in den TV- oder Spieleabend mit Freunden bringen. Mit den knusprigen Kichererbsen hat man eine würzige und gesunde Alternative zu den klassischen Kartoffelchips aus der Tüte. Ich bin eher der „süße" Typ und würde abends am liebsten immer zu Schokolade greifen. Wie wäre es da mit einer gesunden Tiramisu-Alternative? Damit begeisterst du sicherlich all deine Freunde!

Blumenkohl-Pizza

Vorbereitung: 10 Min. | Zubereitung: 25 Min.

Zutaten

2 große Pizzen

Für den Teig:

- 500 g Blumenkohl
- 230 g Gouda
- 2 Eier (Größe M)
- ½ TL getrockneter Oregano
- ½ TL getrocknetes Basilikum

Für die Sauce:

- 10 g Tomatenmark
- 150 g passierte Tomaten
- je ½ TL getrockneter Oregano, Rosmarin, Thymian, Majoran

Für den Belag:

- 25 g Baby-Spinat
- 3 Champignons
- 8 Kirschtomaten
- 1 Kugel Mozzarella

Zubereitung

1. Den Backofen auf 220 °C (Umluft) vorheizen.
2. Den Blumenkohl waschen, raspeln und in eine Schüssel geben. Den Gouda ebenfalls raspeln und zum Blumenkohl geben. Eier und Kräuter dazugeben und alles zu einem Teig verkneten.
3. Den Teig auf zwei mit Backpapier ausgelegte Backbleche geben und zu runden Pizzen formen. (Alternativ: eine große rechteckige Pizza auf einem Blech.) Am besten funktioniert das Formen mit den Fingern, denn der Teig muss wirklich superdünn sein, damit die Pizza knusprig wird. Die Teige nacheinander im heißen Ofen (Mitte) für ca. 15 Minuten backen, bis sie leicht goldbraun sind.
4. In der Zwischenzeit die Sauce anrühren. Den Spinat waschen und trocken schleudern, die Pilze putzen und in Scheiben schneiden. Die Tomaten waschen und halbieren, den Mozzarella in dünne Scheiben schneiden.
5. Die Pizzen aus dem Ofen holen und mit der Tomatensauce bestreichen. Das Gemüse auf die Pizza legen und mit dem Mozzarella toppen.
6. Die Pizza weitere 10 Minuten backen, bis der Käse verlaufen und alles schön goldbraun ist.

Nährwerte: (pro Pizza)

669 kcal	57 g Eiweiß	6 g KH	43 g Fett

GLUTEN-FREI

VEGETARISCH

TIPP

Eine mal ganz andere Variante einer Pizza. Supersaftig! Ausprobieren lohnt sich! Ihr könnt sie natürlich auch mit anderem Gemüse eurer Wahl belegen.

GEBACKENER CAMEMBERT

mit Balsamico-Erdbeeren

VORBEREITUNG: 5 MIN. | ZUBEREITUNG: 10 MIN.

ZUTATEN

1 PORTION

- 2 EL Aceto balsamico
- 1 EL Honig
- Salz
- 100 g Erdbeeren
- 30 g Heidelbeeren
- 2 Zweige Rosmarin
- 125 g Camembert

ZUBEREITUNG

1. Den Backofen auf 180 °C (Umluft) vorheizen.
2. Den Balsamico mit dem Honig und 1 Prise Salz vermischen. Beeren waschen, die Erdbeeren putzen, klein schneiden und zusammen mit den Heidelbeeren zur Honig-Balsamico-Mischung geben. Den Rosmarin waschen, trocken schütteln, die Nadeln abzupfen und ebenfalls dazugeben. Die Mischung im Kühlschrank ziehen lassen, bis der Käse fertig ist.
3. Camembert auf ein mit Backpapier ausgelegtes Backblech geben und im heißen Ofen (Mitte) 10 Minuten backen. Der Käse sollte dann innen komplett weich sein.
4. Die Erdbeermischung über den Ofenkäse geben.

TIPP

Ich liebe das Rezept, weil es so einfach ist, aber optisch trotzdem total viel hermacht. Im ersten Moment klingt die Kombi aus Käse und Frucht vielleicht seltsam, aber es ist wirklich superlecker.

NÄHRWERTE: (PRO PORTION)

516,8 kcal | 22,3 g Eiweiß | 90 g KH | 41,3 g Fett

GLUTEN-
FREI
VEGE-
TARISCH

CRACKER
mit Heidelbeerkompott

VORBEREITUNG: 10 MIN. | ZUBEREITUNG: 1 STD. 30 MIN.

ZUTATEN

12 STÜCK

FÜR DIE CRACKER:

- 30 g Sonnenblumenkerne
- 30 g Kürbiskerne
- 40 g Sesam
- ½ TL Salz
- 20 g Flohsamenschalen

FÜR DAS HEIDELBEER-KOMPOTT:

- 150 g TK-Heidelbeeren
- 2 EL Ahornsirup
- 1 TL frische Thymiannadeln
- 40 ml Orangensaft
- 1 EL Speisestärke

ZUBEREITUNG

1. Den Backofen auf 150 °C (Ober-/Unterhitze) vorheizen.
2. Für die Cracker Kerne, Sesam, Salz und die Flohsamenschalen in eine Schüssel geben und mit 100 ml lauwarmem Wasser übergießen. Ca. 20 Minuten quellen lassen, bis eine eher klebrige Masse entsteht.
3. Die Masse auf ein mit Backpapier ausgelegtes Backblech geben und glattstreichen (ca. 0,5 cm dick). Im heißen Ofen (Mitte) 1 Stunde 10 Minuten backen. Danach die Cracker kurz abkühlen lassen und mit einem Messer oder Pizzaroller in Stücke schneiden.
4. Für das Kompott die Heidelbeeren waschen und mit Ahornsirup, Thymian und Orangensaft in einen Topf geben und einmal aufkochen. 1 EL Speisestärke hinzugeben und erneut kurz aufkochen.
5. Danach das Kompott in ein sterilisiertes Glas füllen, auf den Kopf stellen und abkühlen lassen.
6. Das Kompott hält sich ca. 1 Woche, daher besser kleinere Portionen machen. Es schmeckt super fruchtig und bekommt durch den Thymian das gewisse Etwas.

NÄHRWERTE: (PRO PORTION)

296 kcal (Kompott)	1,5 g Eiweiß	68 g KH	1,5 g Fett
601 kcal (12 Cracker)	22 g Eiweiß	12 g KH	48 g Fett

GLUTEN-FREI

VEGAN

Tipp

Die Kombination aus den knackigen Crackern und dem fruchtigen Kompott ist unfassbar lecker. Das Kompott passt aber auch gut auf Porridge, Joghurt oder Milchreis.

Die Cracker kann man auch super zum Frühstück essen und nach Belieben belegen. Ich liebe das Rezept, weil es einfach mal etwas Anderes ist.

VOLLKORNCHIPS

mit Pesto-Pinienkern-Hummus

VORBEREITUNG: 10 MIN. | ZUBEREITUNG: 15 MIN.

ZUTATEN

4 PORTIONEN

FÜR DEN HUMMUS:

- 1 EL Pinienkerne
- 1 Dose Kichererbsen (ca. 265 g Abtropfgewicht)
- 1 EL Olivenöl, 30 g Tahin
- 1 TL grünes Pesto (siehe rechts), plus ½ TL zum Toppen
- 1 Knochblauchzehe, Salz
- 1 TL gemahlener Kreuzkümmel
- 15 g Zitronensaft
- 3 Stängel frischer Koriander

FÜR DIE CHIPS:

- 4 Vollkorn-Wraps
- 4 EL Olivenöl
- 1 TL Paprikapulver
- ½ TL Cayennepfeffer
- ½ TL Salz

ZUBEREITUNG

1. Die Pinienkerne für den Hummus in einer Pfanne ohne Öl goldbraun anrösten, ein paar zum Dekorieren beiseitelegen. Alle Zutaten für den Hummus (außer Koriander) und 40 ml Wasser in einen kleinen Mixer geben und pürieren, bis er eine cremige Konsistenz hat.
2. Hummus in eine Schüssel geben und mit einem Esslöffel eine kleine Mulde formen. ½ TL Pesto und ein paar geröstete Pinienkerne als Deko darübergeben. Den Koriander waschen, trocken schütteln, hacken und ebenfalls darüber geben.
3. Den Backofen auf 200 °C (Umluft) vorheizen.
4. Für die Chips die Wraps in kleine Dreiecke schneiden und in einer Schüssel mit dem Öl und den Gewürzen marinieren. Die Chips auf ein mit Backpapier ausgelegtes Backblech geben und im heißen Ofen 15–20 Minuten backen, bis sie knusprig sind.
5. Die Chips mit dem Hummus servieren.

NÄHRWERTE: (PRO PORTION)

225 kcal (Cracker)	3,5 g Eiweiß	21 g KH	14 g Fett
285 kcal (Hummus)	13 g Eiweiß	32 g KH	14 g Fett

GLUTEN-FREI

VEGETARISCH

TIPP

Pesto schmeckt am besten, wenn es schon 1-2 Tage durchgezogen ist. In einem Marmeladenglas hält es sich im Kühlschrank auch mindestens 3-4 Wochen. Es eignet sich also nicht nur toll für dieses Rezept, sondern auch z.B. für Pasta.

FÜR DAS PESTO

- ½ Bund frisches Basilikum
- 80 g Parmesan (ohne tierisches Lab)
- 1 Knoblauchzehe
- 50 g Pinienkerne
- 100 g Olivenöl
- ½ TL Salz

Das Basilikum waschen, trocken schütteln und die Blätter abzupfen. Den Parmesan in Stücke brechen, mit den Basilikumblättern und den restlichen Zutaten für das Pesto in einen Blitzhacker geben und zu einer cremigen Masse pürieren.

KNUSPRIGE *Kichererbsen*

VORBEREITUNG: 3 MIN. | ZUBEREITUNG: 32 MIN.

ZUTATEN

2 PORTIONEN

- 1 Dose Kichererbsen (ca. 275 g Abtropfgewicht)
- 1 TL edelsüßes Paprikapulver
- ½ TL Cayennepfeffer
- ½ TL gemahlener Kreuzkümmel
- ½ TL Salz
- 1 EL Öl

ZUBEREITUNG

1. Den Backofen auf 200 °C (Umluft) vorheizen.
2. Die Kichererbsen in ein Sieb abgießen, mit Wasser abspülen und bei Bedarf mit den Händen die äußere, etwas harte Schale entfernen. Die Kichererbsen in einer Schüssel mit Gewürzen und Öl vermengen und auf ein mit Backpapier ausgelegtes Backblech geben. Dabei darauf achten, dass alle Kichererbsen genug Platz haben, damit diese auch richtig knusprig werden können.
3. Im heißen Ofen (Mitte) ca. 32 Minuten backen.

TIPP

Dieser Snack ist die perfekte Alternative zu Chips. Und das Tolle ist, dass man diese komplett individuell würzen kann.

Einfach mal schauen, was man so zu Hause hat, und ausprobieren, ist immer meine Devise. So entstehen oft die leckersten Kombinationen.

NÄHRWERTE: (PRO PORTION)

473 kcal | 26,1 g Eiweiß | 60 g KH | 14 g Fett

GLUTEN-
FREI
VEGAN

GESUNDES *Tiramisu*

ZUBEREITUNG: 5 MIN.

ZUTATEN

1 PORTION

- 40 g Kleinblatt-Haferflocken (optional: glutenfrei)
- 75 ml Espresso
- 30 g Kokos-Joghurtalternative
- 30 g Hafer-Frischkäse-alternative
- Salz
- 1 TL Ahornsirup
- ½ TL Backkakao

ZUBEREITUNG

1. Die Haferflocken in einem kleinen Glas mit dem Espresso übergießen und abkühlen lassen.
2. Joghurt- und Frischkäsealternative vermischen und mit 1 Prise Salz und Ahornsirup verrühren. Die Haferflocken-Kaffee-Mischung mit der Creme toppen. Den Kakao über das Tiramisu sieben.

TIPP

Am besten schmeckt Tiramisu ja bekanntlich, wenn es einen Tag durchgezogen ist.

NÄHRWERTE: (PRO PORTION)

264 kcal	7,7 g Eiweiß	35,9 g KH	18,8 g Fett

VEGAN

Eat. Sleep. Snack. Repeat.

Register

A

ANANAS
Gebratener Reis mit Ananas 108

APRIKOSEN, GETROCKNET
Aprikosen-Energy-Balls 81

AUBERGINEN
Auberginen-Tomaten-Salat mit Kichererbsen 94

AVOCADO
Avocadobrot mit Erdbeeren und Honig 57
Avocadobrot mit Feta und Oliven 56
Baked Potato mit Tomaten-Avocado-Salat 58
Herzhaftes Porridge mit Avocado und Ei 30
Süßkartoffel-Pommes mit dem leckersten Avocado-Dip ever 102
Teriyaki-Lachs mit Sesamspinat und Reis 64

B

BANANEN
Blueberry Lemon Cheesecake Pancakes 40
Das saftigste Bananenbrot überhaupt 124
Erdbeer-Minz-Nicecream 136
Grüne Smoothie-Bowl 48
Haferkekse mit Schokolade 86
Salted Caramel Baked Oats 38
Supersaftige Müsliriegel 82

BLUMENKOHL
Blumenkohl-Pizza 140
Gemüse-Curry mit Blumenkohl 66

C

CAMEMBERT
Gebackener Camembert mit Balsamico-Erdbeeren 142

CASHEWKERNE
Chicken Cashew Salad Wraps 114
Gebratener Reis mit Ananas 108
No-Bake-Himbeerkuchen 122
Supersaftige Müsliriegel 82

CORNFLAKES
Chicken Nuggets im Cornflakes-Mantel 100

D

DATTELN
Aprikosen-Energy-Balls 81
Gesunde Nusscreme mit Obst 132
No-Bake-Himbeerkuchen 122
Schoko-Erdnuss-Datteln 90
Supersaftige Müsliriegel 82

E

EIER
Blumenkohl-Pizza 140
Frühstücksmuffins mit Ei und Gemüse 34
Herzhaftes Porridge mit Avocado und Ei 30
Shakshuka – Gemüse-Ei-Pfanne 96

ERDBEEREN
Avocadobrot mit Erdbeeren und Honig 57
Erdbeer-Minz-Nicecream 136
Erdbeer-Schichtbowl mit knackigem Schoko-Topping 76
Gebackener Camembert mit Balsamico-Erdbeeren 142

ERDNUSSMUS
Peanut Buddha Bowl 70
Schoko-Erdnuss-Datteln 90

ESPRESSO
Gesundes Tiramisu 150

F

FETA
Auberginen-Tomaten-Salat mit Kichererbsen 94
Avocadobrot mit Feta und Oliven 56

Panierter Feta und Feldsalat mit Mango und Senfdressing 60
Süßkartoffel trifft Feta im Ofen 68
Wassermelonen-Salat mit Feta 112

G

GOUDA
Blumenkohl-Pizza 140

GRANATAPFEL
Gebackener Ziegenkäse mit Honig und Rosmarin auf Salat 50

H

HAFERFLOCKEN
Blueberry Lemon Cheesecake Pancakes 40
Carrot Cake Porridge 28
Erdbeer-Schichtbowl mit knackigem Schoko-Topping 76
Frühstückspizza mit Kokos 42
Gesundes Tiramisu 150
Haferkekse mit Schokolade 86
Herzhaftes Porridge mit Avocado und Ei 30
Mango-Kokos-Porridge 26
No-Bake-Himbeerkuchen 122
Salted Caramel Baked Oats 38
Supersaftige Müsliriegel 82
Triple Chocolate Lava Cake mit versteckter Zucchini 126

HAFERMEHL
Gesundes Beeren-Crumble 118
Matcha-Energy-Balls 80
Saftige Schoko-Tarte 120

HÄHNCHEN
Chicken Cashew Salad Wraps 114
Chicken Nuggets mit Cornflakes-Mantel 100
Gefüllte Zucchini-Boote 52
One-Pot-Zitronenhähnchen 106

HALLOUMI
Mango-Halloumi-Spieße 110

HASELNUSSKERNE
Gesunde Nusscreme mit Obst 132
Gesunde Toffee-Pralinen 130

HEIDELBEEREN
Blueberry Lemon Cheesecake Pancakes 40
Cracker mit Heidelbeer-kompott 144
Das saftigste Bananenbrot überhaupt 124
Gesundes Beeren-Crumble 118

HIMBEEREN
Gesundes Beeren-Crumble 118
No-Bake-Himbeerkuchen 122

K

KARTOFFELN
Baked Potato mit Tomaten-Avocado-Salat 58
Gemüse-Curry mit Blumenkohl 66
One-Pot-Zitronenhähnchen 106

KICHERERBSEN
Auberginen-Tomaten-Salat mit Kichererbsen 94
Cookie Dough zum Löffeln 134
Knusprige Kichererbsen 148
Vollkornchips mit Pesto-Pinienkern-Hummus 146

KIRSCHEN
Good-Morning-Konfitüre 44

KIWI
Grüne Smoothie-Bowl 48

KOKOSMEHL
Das saftigste Bananenbrot überhaupt 124
Matcha-Energy-Balls 80

KOKOSMILCH
Gesunde Kokospralinen 88

KOKOSRASPEL
Aprikosen-Energy-Balls 81
Frühstückspizza mit Kokos 42
Gesunde Kokospralinen 88
Supersaftige Müsliriegel 82

L

LACHS
Teriyaki-Lachs mit Sesamspinat und Reis 64

M

MANDELDRINK
Gesunde Zimt-Flakes 22
Saftige Schoko-Tarte 120

MANDELMEHL
Saftige Schoko-Tarte 120

MANDELMUS
Cookie Dough zum Löffeln 134

Gesunde Schoko-Pops 24
Gesunde Toffee-Pralinen 130
Salted Caramel Baked Oats 38

MANDELN, GEMAHLEN
Gesunde Schoko-Pops 24
Matcha-Energy-Balls 80

MANGO
Good-Morning-Konfitüre 44
Grüne Smoothie-Bowl 48
Mango-Halloumi-Spieße 110
Mango-Kokos-Porridge 26
Panierter Feta und Feldsalat mit Mango und Senfdressing 60

MATCHA-PULVER
Grüne Smoothie-Bowl 48
Matcha-Energy-Balls 80

MÖHREN
Carrot Cake Porridge 28
Peanut-Buddha-Bowl 70

MÜSLI
Gesunde Schoko-Pops 24
Gesunde Zimt-Flakes 22

O

OLIVEN
Avocadobrot mit Feta und Oliven 56

P

PAPAYA
Papaya-Boote 74

PAPRIKA
Frühstücksmuffins mit Ei und Gemüse 34
Gemüse-Curry mit Blumenkoh 66
Mediterrane Gemüse-Schiffchen 98

PORRIDGE
Carrot Cake Porridge 28
Herzhaftes Porridge mit Avocado und Ei 30
Mango-Kokos-Porridge 26

Q

QUINOA
Peanut Buddha Bowl 70

R

REIS
Gebratener Reis mit Ananas 108
Teriyaki-Lachs mit Sesamspinat und Reis 64

S

SALAT
Chicken Cashew Salad Wraps 114
Gebackener Ziegenkäse mit Honig und Rosmarin auf Salat 50
Panierter Feta und Feldsalat mit Mango und Senfdressing 60

SESAM
Cracker mit Heidelbeer-kompott 144
Teriyaki-Lachs mit Sesamspinat und Reis 64

SPINAT
Grüne Smoothie-Bowl 48
Teriyaki-Lachs mit Sesamspinat und Reis 64

SÜẞKARTOFFELN
Peanut Buddha Bowl 70
Süßkartoffel-Bowl 36
Süßkartoffel-Pommes mit dem leckersten Avocado-Dip 102
Süßkartoffel trifft Feta im Ofen 68

T

TOMATEN
Auberginen-Tomaten-Salat mit Kichererbsen 94
Baked Potato mit Tomaten Avocado-Salat 58
Chicken Nuggets mit Cornflakes-Mantel 100
Shakshuka – Gemüse-Ei-Pfanne 96

W

WASSERMELONE
Wassermelonen-Salat mit Feta 112

WRAPS
Vollkornchips mit Pesto-Pinien-kern-Hummus 146

Z

ZARTBITTERSCHOKOLADE
Erdbeer-Schichtbowl mit knackigem Schoko-Topping 76
Haferkekse mit Schokolade 86
Saftige Schoko-Tarte 120

Schoko-Erdnuss-Datteln 90
Triple Chocolate Lava Cake mit versteckter Zucchini 126

ZIEGENKÄSE
Gebackener Ziegenkäse mit Honig und Rosmarin auf Salat 50

ZIMT
Gesunde Zimt-Flakes 22

ZITRONEN
Blueberry Lemon Cheesecake Pancakes 40
One-Pot-Zitronenhähnchen 106

ZUCCHINI
Frühstücksmuffins mit Ei und Gemüse 34
Gefüllte Zucchini-Boote 52
Mediterrane Gemüse-Schiffchen 98
Triple Chocolate Lava Cake mit versteckter Zucchini 126

ZUCKERSCHOTEN
Gemüse-Curry mit Blumenkohl 66

Danksagung

„THE SECRET INGREDIENT IS ALWAYS LOVE!"

Und in diesem Sinne muss ich mich als erstes bei **meiner Mama** und **meinem Papa** bedanken, die immer ein kritisches Auge auf jedes Rezept hatten, was ich ausprobiert habe. „Zu ungewürzt", „zu unbesonders" oder „Das probieren wir nochmal anders" – Mamas Lieblingssätze im vergangenen Jahr. Gesagt, getan: Jede Woche haben wir mindestens 4 Gerichte getestet oder wiederholt und meinem Papa serviert. Und mein Papa ist kritisch, seeehr kritisch. Genauso wie **mein Freund**, der mich immer tatkräftig beim Aufräumen und Saubermachen unterstützt hat. (Okay, oder es in den meisten Fällen alleine gemacht hat... ☺) Ein Kochbuch zu kreieren, bedeutet auch immer ein absolutes Küchenchaos, das kann ich nur bestätigen.

Ich glaube im Leben nicht an Zufälle, sondern eher an Schicksal. Und wie es das Schicksal so wollte, habe ich eines Morgens vor der Drogerie eine alte Freundin aus der Schule wiedergetroffen, die Ökotrophologie studiert hat. Ich war gerade in den Anfängen des Buches und auf der Suche nach jemandem, der Nährwertangaben errechnen kann. Wir hatten uns 8 Jahre nicht gesehen und haben uns wirklich zum perfekten Zeitpunkt wiedergetroffen. Also vielen Dank nochmal an dich, **Merle**, für die Unterstützung!

Ebenso ein großes Danke an **mein Management Bigger Fish** und den **EMF Verlag** für das Möglichmachen und die vielen kreativen Freiheiten bei diesem Buch.

Last but not least danke an euch, **liebe Leser**, dass ihr mein Herzensprojekt unterstützt! Jetzt wünsche ich euch ganz viel Spaß beim Testen meiner liebsten Rezepte. Hoffentlich denkt ihr euch auch beim Probieren:

Wow, das ist Liebe auf den ersten Biss!

Über die Autorin

2013 hat **Giulia Groth** angefangen, YouTube-Videos zu drehen. Neben typischen Beauty-, Fashion- und Lifestyle-Videos hat sie dabei auch die Liebe zum Kochen und Kreieren von Snacks gefunden. Regelmäßig teilt sie seither neue gesunde und leckere Frühstücks- und Snack-Ideen mit ihrer Community auf YouTube und Instagram. Die Rezepte sind einfach und schnell gemacht, verzichten auf industriellen Zucker und stark verarbeitete Lebensmittel. Dennoch finden hier Zutaten Verwendung, die oft bereits im Vorratsschrank zu finden sind und die jeder kennt. Da Giulia Süßigkeiten liebt, mussten dabei natürlich auch gesündere Alternativen zu den klassischen Naschereien her! Die Nachfrage nach einem Buch wuchs bei ihren Followern stetig – und so entstand „Love at First Bite".

Noch mehr tolle Bücher

SOULFOOD ZUCKERFREI
ISBN: 978-3-96093-871-2
(D) 22,00 € | (A) 22,70 €

INTUITIV ESSEN
ISBN: 978-3-7459-0243-3
(D) 25,00 € | (A) 25,70 €

KOCH'S EINFACH
ISBN: 978-3-96093-684-8
(D) 20,00 € | (A) 20,60 €

IMPRESSUM

Bibliografische Information der Deutschen Bibliothek.

Die Deutsche Bibliothek verzeichnet diese Publikation in der Deutschen Nationalbibliografie.

Detaillierte bibliografische Daten sind im Internet über http://www.dnb.de/ abrufbar.

EIN BUCH DER EDITION MICHAEL FISCHER

1. Auflage 2022

Covergestaltung, Layout & Satz: Alexandra Wolf
Projektmanagement & Lektorat: Katharina Steffelmaier

Rezeptfotografie: Jana Burau, Weyhe
People-Fotografie: Frank Löschke, Hamburg
Weitere Fotografien: S. 10: © Melissa di Rocco/Unsplash, S. 11: © Africa Studio/Shutterstock, S. 12: © Tetiana Bykovets/Unsplash, S. 14: © Miguel Angel Gomez Ramos/Shutterstock
Illustrationen: © Merfin/Shutterstock (Zweige), © starline/Freepik (Blatt)

Der Verlag dankt der Firma Motel a Miio herzlich für die Bereitstellung der Tableware.

ISBN 978-3-7459-0914-2

Gedruckt bei Polygraf Print, Čapajevova 44, 08001 Prešov, Slowakei

www.emf-verlag.de